Björn Högsdal

W0245634

Hätte ich Deutsch
auf Lehramt studiert,
wäre das nicht passiert

Lektora

Lektora, Paderborn

Erste Auflage 2010

Copyright 2010 by

Lektora GmbH
Fürstenbergstraße 21 a
33102 Paderborn
Tel.: 05251 6886809
Fax: 05251 6886815

Druck: docupoint, Magdeburg
Covermotiv: Katharina Kierzeck
Covermontage: Carina Hagel
Illustrationen: Katharina Kierzeck
(copyright 2010 by Katharina Kierzeck)
Layout Inhalt: Lektora, Paderborn

Printed in Germany

ISBN: 3-938470-51-8

Mein Dank geht an:

Michael Heide für den Buchtitel, an Patrick Kruse, Moritz Neumeier und Jasper Diedrichsen (einfach fürs da sein), an Katharina Kierzeck für die Illustrationen sowie an René Grellert für meinen Seelenfrieden.

Gewidmet ist das Buch meiner Frau Hildis, meinem Sohn Yorick und Poetry Slam an sich.

Vorwort

Als wir Björn das erste Mal trafen, schächtete er ein Kind.

Also wenn man Kind mit Poetry Slam ersetzt. Und schächten mit moderieren.

Das hat jetzt zwar absolut nichts mit irgendeinem Thema zu tun, aber es trifft wahrscheinlich genau seinen Humor. Denn der ist schwarz. Nicht braun. Nicht kaki. Schwarz. Und nordisch.

Sein hünenhafter Körper streckt sich gen Himmel, wenn er das Leiden der Welt aus seiner plündernen Kehle springen lässt. Oder so. Muss man sich halt mal angucken.

Was man sieht ist groß. Sowohl körperlich als auch menschlich. Sowohl textlich als auch organisatorisch.

Doch was nun endlich hier im Mittelpunkt stehen soll, sind seine Texte.

Diese kleinen Oden an die Lachmuskeln. Diese schnellen Humorexplosionen, bei denen sich jeder kurz fragt, ob man nun lachen darf oder muss. Diese 5 Minuten Spaß, die uns das nehmen, was uns zu lähmen droht: den Alltag.

In diesem Sinne scheint es auch etwas Messiashaftes zu haben, wenn er den Wahnsinn des Alltages in den Alltag des Wahnsinns einbindet, immer wissend, wen es zu treffen hat, immer wissend, dass sich Wortgewalt manchmal in einem Schmunzeln am besten entwickelt.

Nie seine Wurzeln vergessend besinnt er sich in hellen Momenten seiner Vergangenheit in Kiels Untergrund und lässt Hip-Hop-Texte als Spoken-Word-Versionen auf ein Publikum los, das nun endlich in der Lage sein wird, das Gehörte noch einmal nachzulesen, um es so ganz durchdringen zu können.

In unendlichen Stunden des unermüdlichen Lesens gereifte Texte, gesammelt, um diejenigen zu entkräften, die ihre Worte gegen die Poesie richten, um die zu richten, die gerichtet werden sollten.

Ein Lesespaß für die ganze Familie. Oma. Hund. Zurückgebliebener Onkel.

Der Erfolg ist vorbestimmt. Genau wie die Tatsache, dass er diesen teilen wird.

Menschen wie wir verdanken ihm eine Karriere, ein Hobby, sogar ein Leben.

Durch seinen unermüdlichen Drang nach vorne, seine Verwirklichung der Literatur, durch seine Wärme und Väterlichkeit macht er den literarischen Norden zu dem, was er ist.

Vielen Dank für alles, was du getan hast, Björn. Und vielen Dank für alles, was du noch tun wirst.

Für immer dein
                Team und Struppi

Die vermessene Welt

Norwegen

Man sieht es mir an. Ich spür ja auch die Blicke. Ist aber nicht schlimm. Ich steh dazu: Ich bin ein vollassimilierter Ausländer mit norwegischem Migrationshintergrund. Ich habe mich den Sitten dieses Landes angepasst, ich verhalte mich ruhig und gehe entspannt mit dem alltäglichen Rassismus um. Nur selten einmal schächte ich zu den hohen Feiertagen meines Kulturkreises, wie Sommersonnenwende, Knut oder A-Ha-Konzerten, einen Elch oder ein Rentier in der heimischen Badewanne und im Frühjahr zieht es mich hin und wieder raus zur Plünderfahrt die Küsten entlang. Niemals aber habe ich eine deutsche Flagge verbrannt, obwohl Nordmann-Karikaturen, wie die Hägar-Comics in vielen deutschen Tageszeitungen, mein religiöses Empfinden tief verletzt haben. Auch die Darstellung von Norwegern als Menschen, die den halben Tag saufen, tut mir weh. Lasst mich das richtig stellen: Das sind Dänen. Norweger saufen den ganzen Tag. So viele Vorurteile und Missverständnisse ...

Lasst mich von Norwegen erzählen. Vielleicht kann ich so ein paar Samen der Toleranz säen und zeigen, dass wir Norweger auch Menschen sind, fast so wie ihr.

Hoch im Norden, wo alles so heißt wie im Ikea-Katalog und wo die Menschen in Häusern aus Lego leben, liegt das Land meiner Ahnen. In

Norwegen ist es bekanntlich von Januar bis Juni Tag – und von Juli bis Dezember Nacht. Dadurch beträgt die tägliche Arbeitszeit zwar etwa 4000 Stunden, aber seit die Gewerkschaften wenigstens einen Tag Urlaub im Jahr durchgesetzt haben, arbeitet eigentlich niemand mehr in Norwegen. Die meisten Norweger leben in einem Fjord, jeder auf einer eigenen Schäreninsel und von einer eigenen Ölquelle, die ein Troll bewacht. Ehen zwischen Ölquellenbesitzern und Trollen sind selten, aber geduldet. Norweger untereinander pflanzen sich nicht fort, sie entstehen, wenn man einen Dänen mit einer Schwedin kreuzt. Der größte Stolz des Norwegers ist sein Wikingerhelm. Die Länge der Hörner sagt direkt etwas über die Größe des Penis und die soziale Stellung aus.

Alle Norweger sind blond oder rothaarig, in jedem Fall aber blauäugig. Man ist da streng, aber einfach gestrickt. Einen blondierten Schwarzafrikaner mit blauen Kontaktlinsen wird der Durchschnittsnorweger ohne zu zögern zu einer gemeinsamen Plünderfahrt einladen, ein schwarzhaariger Drontheimer endet in Oslo als Menschenopfer für Odin. Nach außen ist Norwegen neutral und in aller Welt beliebt. Die Hauptexportschlager sind Blondinen und Fisch in verschiedenen Größen. Der einzige natürliche Feind des Norwegers ist der Wal. Von der Weltöffentlichkeit verkannt und einer wallobbyistischen Propaganda verteufelt erwehren sich die Norweger nur mühsam der feigen Angriffe durch Wale. Nach Einbruch der Dämmerung machen die heimtückischen Lungenatmer auch schon mal norwegische Innenstädte weit im Landesinneren unsicher. Dabei ziehen sie Jugendlichen Handys und iPods ab, plündern Kaugummiautomaten und klappen Seitenspiegel an parkenden Autos um. Die Schäden sind verheerend. Der Rest der Welt schaut weg und senkt die Fangquoten für Wale immer weiter. Zwischen den Norwegern und den Walen steht einzig der norwegische König, der mit dem Vorschlag, Fischfabriken als Wal-Lokale zu kennzeichnen, an die Macht kam. Dafür stehen dem König die Milchzähne aller erstgeborenen Norweger zu. Wer den König aber an der Holmenkollenschanze im Skispringen besiegt, gewinnt eine Nacht mit der Königin und einen besonders schönen Lachs. Alles in allem sind die Norweger also Menschen wie du und ich und haben ein wenig Zuneigung und Toleranz verdient. Lasst nicht zu, dass Skandinavier wie Menschen zweiter Klasse behandelt werden und nur Jobs in schwedischen Möbelhäusern und an dänischen Hotdogständen finden. Natürlich müssen sich auch die Nordmänner bewegen, das Verbot von Wikingerhelmen im öffentlichen Dienst ist da ganz klar ein Stichwort, aber wenn beide Seiten auf einander zugehen, können Bullerbü-Parallelgesellschaften verhindert werden. Ich glaube, das *ist* der Beginn einer plünderbaren, äh, wunderbaren Freundschaft – Skol!

Apokalypse jetzt

Mit einem Mal füllt die Luft sich mit einem leisen Wispern, mit atmosphärischem Surren und einem heiseren Knistern, das immer lauter und lauter wird, bis es als donnernde Stimme voll Widerhall in tausend Zungen aus den Wolken schallt, aus allen Fernsehern, Radios und iPods des Planeten, als Jamba-Klingelton auf allen Handys ebenso wie aus dem Mund einer Leninstatue in Nowosibirsk:

„Sehr verehrte Gäste, in einer Stunde wird dieses Universum geschlossen. Bitte begeben Sie sich zum nächstgelegenen Sakralbau ihrer Religion, Konfession oder Sekte und halten Sie Ihre Chipkarte mit dem Sündenregister bereit. Alle Buddhisten und Hindus stellen bitte augenblicklich das Reinkarnieren ein. Wer noch mal aufs Klo muss, sollte das bald tun, es wird die letzte Gelegenheit für – immer. Ach ja, und eine wichtige Botschaft für unsere ach so schlauen Atheisten: Nananananaanaa ...“

CNN strahlt ein Exklusivinterview mit dem Papst und dem kichernden Dalai Lama aus, die Bildzeitung titelt mit „Wir sind Armageddon!", Netzer und Delling kommentieren die Ereignisse im Ersten und auf Neun Live fordert eine Nonne im Bikini dazu auf, für einen totalen Sündenablass anzurufen und verdammt nochmal sechs Heilige mit „Y" zu nennen. Hyronimus und Sylvester stehen schon dran. Frau Maier aus Bottrop kommt durch, kann ihr Glück gar nicht fassen, versaut es dann aber mit „Nikolaus". Irgendein Spaßvogel hat bei einem englischen Internetwettanbieter 1 Cent auf den heutigen Tag für den Weltuntergang gesetzt und gewinnt bei einer Quote von Eins zu Unendlich die gesamte Barschaft des Planeten. Nach und nach werden die physikalischen Grundkonstanten des Universums abgeschaltet, mit einem lauten „Klonk" erlöschen Sonne, Mond und Sterne, die Erdrotation kommt quietschend und knirschend zum Stillstand. Die Schwerkraft verliert an Wirkung und ein paar Sektenführer, die den Weltuntergang für nächstes Jahr angesetzt hatten, stehen ziemlich doof da.

Ich kann nicht behaupten, dass mir das Jüngste Gericht ungelegen käme. Die Steuererklärungen der letzten sechs Jahre stehen aus – und das werden sie nun auch bis zum Ende der Zeit, aller Dinge und was es sonst noch so gibt. In your face, Finanzamt! Auf dem Weg zu meiner Kirche streichle ich einen Hund und kaufe einem Obdachlosen eine Straßenzeitung ab. So als moralischer Endspurt. Der katholische Pfarrer meiner Kirche ist völlig aus dem Häuschen vor Glückseligkeit: So voll war diese Kirche noch nie! Das lässt er natürlich alle spüren. „Na, wen haben wir denn da?" und „Habe ich es euch nicht gesagt?", begrüßt er den einen oder anderen, tänzelt triumphierend durch die dichtgefüllten Reihen der Sünder und Schäfchen seiner Gemeinde und ist überhaupt allerbester Dinge. Meinen Hinweis, dass ja scheinbar alle Religionen irgendwie Recht hatten, nicht nur die katholische Kirche, übergeht er und teilt mir einen Platz weit hinten in der Schlange zum Beichtstuhl zu, über dem eine illuminierte Neonschrift mit den Worten „Letzte Ablass-Stelle vor dem Paradies" prangt. Apropos Schlange: Hinter mir steht Luzifer. Denkt man so vielleicht nicht, aber der ist auch katholisch. Eigentlich ist er ganz nett. „Weißt du", sagt er, wir duzen uns jetzt alle, „weißt du, das ist bei fast allen so. Viele glauben, ich wäre der höchste Satanist, bin aber katholisch. Jesus war eigentlich Jude, Buddha war Hindu und Mohammed selbst ursprünglich auch kein Moslem." Um uns in der Kirche knien viele, beten auferlegte Rosenkränze und Ave Mariä, andere singen „It's the end of the world as we know it ...". Dann bin ich endlich dran und gerade als ich meinem Beichtvater von dieser wirklich schlimmen Sache mit dem Welpen und dem Bungee-Seil, die ich mit 16 auf einer Autobahnbrücke gemacht hatte, erzählen will, ertönt in kurzen Abständen ein regelmäßiges Posaunensignal. Ich denk schon: „Uh, jetzt geht es los, Jüngstes Gericht und so", aber dann springt die Schwerkraft wieder an, wobei sich einige Kunstinteressierte, die sich in der kurzzeitigen Schwerelosigkeit die Deckenmalereien der Kirche genauer angesehen hatten, sehr wehtun. Sonne, Mond und Sterne gehen mit einem erneuten „Klonk" wieder an, die Erdrotation setzt sich in Gang und aus den Wolken, iPods und so weiter und so fort dringt erneut die Stimme von vorhin: „Wir beenden diese kosmische

17

Übung nun. Bitte gehen sie ihren Leben wie gewohnt nach und räumen sie ihre sakrale Stätte schnellstmöglich für das Reinigungspersonal. Vielen Dank für die Zusammenarbeit, seid zwischendurch ein bisschen nett zueinander und bis zur nächsten Routine-Übung in zehntausend Jahren!"

Die gesamte Menschheit ist in der Folge ein wenig verunsichert, im Großen und Ganzen aber doch sehr erleichtert und nur unser Pfarrer ist irgendwie frustriert.

Muse

Einen Laden für Mobiltelefone und dazugehörige Verträge „Handy-Cap" zu nennen, wie ich es unlängst in Hamburg sah, finde ich wirklich inspirierend. Demnächst eröffne ich, in Anlehnung an Firmennamen wie „Miss Sixty", ein Geschäft für Umstandsmoden – und nenne es „Miss Geburt".

Noch was, was schlimm ist …

Stell dir vor, du heißt Volker. Volker Mord. Und du stehst vor Gericht wegen Falschparkens. Und es gibt eine Verwechslung und man verurteilt dich als Herr Falschparker wegen Völkermords. Das fände ich schlimm.

Copy Kills Musicians

Ich bin nicht verflucht. Das behaupten Andere. *Ich* rede nur von Fakten! Begonnen hatte alles 1977, als ich mir von einer Elvis-Schallplatte meines Vaters eine Kopie mit einer alten Bandmaschine machte. Abends in den Nachrichten hieß es, Elvis sei tot. 1980 kopierte ich mir „Imagine" auf Kassette und schon nachmittags im Radio redete man darüber, dass jemand John Lennon in New York erschossen habe. Beides für sich hätten Zufälle sein können ... Ich machte mir zunächst also keine weiteren Gedanken. Im Grunde glaube ich nicht an so was. Ich sag doch gar nicht, dass mein Kauf einer Sex Pistols-Raubkopie auf einem Markt in Istanbul der direkte Grund war, dass Sid Vicious im selben Augenblick an einer Überdosis starb. Ich erwähne ja nur die Tatsache, dass beides im selben Moment stattfand. Ich bin nicht der Schnellste, und dass Freddie Mercury starb, während ich mir „We will rock you" überspielte, erfuhr ich Wochen später ...

Erst 1994 die Sache mit Kurt Cobain, am Tag meiner ersten selbst gebrannten CD, rief mir all die allzu zufälligen Fälle in Erinnerung und verursachte in mir Prozesse kausaler Natur – und kausal dadurch bedingt derart große Schuldgefühle, dass ich beschloss, mir nie wieder Musik von lebenden Künstlern zu kopieren. In der Folge hörte ich erst mal viel Klassik. Die Tupac-Scheibe hatte mir ein Freund 1996 zum Geburtstag gebrannt, da konnte ich nun wirklich nichts dafür. Aaliyahs Album spielte mir eine Freundin 2001 heimlich von ihrem mp3-Stick auf den Rechner. Es sollte für mich und Aaliyah eine Überraschung werden.

Ich bin mir trotzdem immer noch sicher, dass meine Raubkopien keinen Einfluss darauf hatten, dass die Musiker jeweils an diesen Tagen starben. Dass ich diese Menschen getötet haben könnte, ist absurd. Ich weiß, dass du diese ganzen Geschichten über mich gehört hast und dass du die Band wirklich gut findest und vielleicht machst du dir jetzt Sorgen um Bill und Tom und die anderen. Aber ehrlich, so was gibt es doch gar nicht, und ich finde sie selbst voll super. Darum bitte ich dich doch, mir eine Kopie deiner Tokio-Hotel-Scheibe zu machen, hier, ich hab' auch einen Rohling mitgebracht.

Marktlücke

Innovationsgeist und betrieblicher Wagemut werden in Deutschland doch gar nicht gewürdigt. Ungewohnt rüde beantwortete das Patentamt meine Anmeldung eines Tiefkühlschrankes mit Kinderklappe für den ostdeutschen Markt.

Vorsicht bei der Schönheitspflege!

Das Gesicht einer Bekannten fiel neulich in sich zusammen und bröckelte schließlich ganz weg, nachdem sie beim Zupfen ihrer Gesichtsbehaarung eine tragende Wimper erwischt hatte.

Noch ein Mann ohne Eigenschaften

Es ist unser erstes Date – und ich erkläre ihr gleich zu Anfang: Ich hätte keinen nennenswerten Charakter und sie solle sich einen ihrer Ex-Freunde vorstellen, der mit *ihr* Schluss gemacht habe, den sie aber immer noch toll findet, und sich dann vorstellen, er habe nicht Schluss gemacht und dass *ich* er sei. Das würde alles vereinfachen und ich könne mich schon anpassen …

10 kleine Negerlein 2.0

Zehn kleine Negerlein, die wollten in den Osten,
kaum waren sie dort angekommen, hing einer
schon am Pfosten.
Neun kleine Negerlein fuhren erst einmal nach
Dresden,
was da geschah, das weiß ich nicht, doch zwei
davon verwesten.
Sieben kleine Negerlein in Rostock-Lichtenhagen:
Einen haben sie tot gehauen, den Rest nur so
geschlagen
Sechs kleine Negerlein fuhren lieber in den
Westen,
doch da war man genauso rechts und schon traf es
den Nächsten.
Fünf kleine Negerlein plus zehn Skinheads auf
Bier,
was das ergibt, ist nicht so schön, da waren's nur
noch vier.
Vier kleine Negerlein bei Hamburgs Polizei,
einer ist im Schlaf verbrannt, da waren's nur noch
drei.
Drei kleine Negerlein entspannten sich auf Gras,
in Bayern ist das nicht so schlau, jetzt sitzt einer im
Knast.
2 kleine Negerlein nehm' die Beine in die Hand.
Einer war nicht schnell genug, da stand er an der
Wand.

Ein kleines Negerlein hofft auf Hilfe von Oben,
vom Staat und unserem Rechtssystem, man hat ihn
abgeschoben.

Samstag geht auch nicht

„Nee, Samstag geht auch nicht!", sagt er. Er ist sehr engagiert und hat wirklich eine volle Woche. Sonntag geht er zum Welpenweitwurf, Montag ist Antisemitismus für Fortgeschrittene im NPD-Schulungszentrum. Dienstag hilft er bei den Scientologen aus und Mittwoch kommen sowohl die Iraner wegen des Plutoniums als auch die Kolumbianer wegen der Drogen. Am Donnerstag will er endlich die Katzen und Hunde ins Labor für Tierversuche bringen, Freitag sieht er bei den Mädels von der Zwangsprostitution vorbei, um die Wocheneinnahmen abzuholen. Samstag sei der einzige Tag, der ihm für sein Hobby bleibe: die Verbreitung von ansteckenden Geschlechtskrankheiten. Ich hab dann aber einfach so lange gebettelt, bis er sich trotzdem bereit erklärt hat, auf die Kinder aufzupassen.

Lebenslauf-Lücke

Zunächst einmal waren da diese Kopfschmerzen.

„Ooh! Diese Kopfschmerzen."

Als Martin wieder zu sich kam, war er bereits Mitte Vierzig, verheiratet und Beamter.

„Meine Fresse", dachte er noch, „das war 'ne Abiparty …"

Armageddon

„Schatz! Draußen hat der Atomkrieg angefangen!"
– Zugegeben, möglicherweise eine haltlose Bemerkung meinerseits, bloß um sie länger bei mir im Bett zu behalten. Sie kuschelt sich dann auch dankbar tiefer in die Kissen, legt den Arm um mich und murmelt:

„Gehst du raus und sagst Bescheid, dass wir nicht mitmachen?"

Als mir darauf leider erst zwei Tage später eine unglaublich schlagfertige und witzige Antwort einfällt, fallen uns die Haare bereits aus – und wir leuchten im Dunkeln.

Aus der Rubrik:
Letzte Ansprache vor der Amtsmüdigkeit

„Ihr kotzt mich an. Wirklich, ihr und dieses Land kotzen mich an. Die Vergangenheit ist für den Arsch, die Gegenwart erstickt im Jammern, und die Zukunft? Die Deutschen von morgen? Wie oft hört man heute schon den Satz: „Schatz! Schaust du mal nach den Kindern?" – direkt gefolgt von: „Und wenn du schon da bist, bring noch 'ne Tiefkühlpizza mit." Gerüchten zufolge sind die ersten Tiefkühlschränke mit Kinderklappe auf dem ostdeutschen Markt – und Blumentöpfe mit Janosch- und Diddlmotiven von innen. Deutsche Kinder leben gefährlich! Madonna, Angelina Jolie und Brad Pitt sind inzwischen in Deutschland eingetroffen und adoptieren wahllos unbeaufsichtigte Kinder von der Straße weg. Und in den Schulen? Jeder Zweite ein Schläfer in Sachen Amok, Selbstmordattentäter und Kindersoldaten! Die andere Hälfte schläft wirklich, weil nach der großen Pause endlich die Drogen anfangen zu wirken. Die Deutschen sterben nicht aus, sie begehen Selbstmord. Dabei sind wir gar nicht so schlecht. Wir sind ja nicht alle Neo-Nazis hier. Ein paar Nazis sind ja auch einfach noch von früher übrig. Nein, liebe Leute, Deutschland geht es wie dem Rucksacktouristen, der in einer Seitenstraße Neu-Delhis verblutet: Es fehlen Hirn und Herz. Aber: Es ist mir ehrlich gesagt auch egal. Es spielt eh keine Rolle mehr. Dieses Land ist dem Untergang geweiht. Klappe zu – Affe tot!

Trotz alledem, liebe Mitbürger, wünsche ich Ihnen aber ein besinnliches Weihnachtsfest, herzlichst, Ihr Bundespräsident Horst Köhler."

Kontrolle

Woher ich käme und wohin ich ginge, werde ich
gefragt. Das Prozedere gewohnt reagiere ich resig-
niert, leere meine Taschen aus, lege mich auf dem
Bauch auf den Fußboden und halte meinen Perso-
nalausweis nach oben. Das zumindest sei nicht
nötig, sagt sie, schließlich seien wir verheiratet.

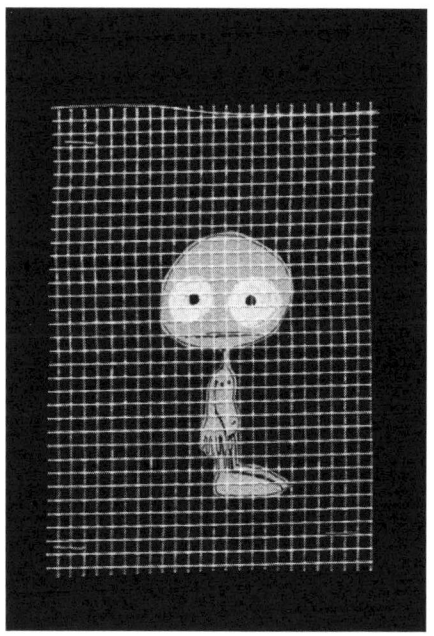

Sprichwörtlich

„Man soll immer dann aufhören, wenn es am schönsten ist", sagte sich auch mein Freund Holgi und verließ seine Frau noch in der Hochzeitsnacht.

Echt eklig

Man mag mich pingelig nennen, aber ich habe mit meiner Freundin Schluss gemacht, als der Satz fiel: „Wenn man oben den Schimmel wegkratzt, geht's eigentlich." Ich hätte ja nichts gesagt, wäre es um die Marmelade beim Frühstück gegangen, aber beim Oralverkehr?

Was denn!?

Ist doch gar nix los. Ich sag doch gar nichts. Ich denk doch nur laut. Oder darf man das jetzt auch schon nicht mehr? Ich sag doch gar nicht, dass man den Strand nach Konfektionsgrößen aufteilen sollte oder dass man Wahlberechtigungen mit einem IQ-Test koppeln müsste. Das sind theoretische Modelle. Hab ich die alte Dame neulich, nachts um zwölf, vor mir am EC-Automaten niedergeschlagen und ausgeraubt, als wir da ganz alleine standen und sie die 500 Euro abgehoben hat? Nein, das habe ich mir nur vorgestellt.

Ich hab nicht mit deiner besten Freundin geschlafen, Schatz ...

Ich find doch gar nicht wirklich, dass Euthanasie akzeptabel ist, bei Frauen in Buffalos. Das ist nicht mein Standpunkt, auch ob Sex mit einer Schwangeren ein flotter Dreier ist, hab ich nicht aus Boshaftigkeit gefragt, das hat mich einfach interessiert! Ich stell doch nur Fragen ... If Punx not dead, ja? <u>Why</u> does it smell so? Ich mein' ich sag doch gar nicht, dass es so ist, ich mach mir bloß meine Gedanken. Ich frag ja nicht, ob die Frau da schwanger oder fett ist und warum der Hund da drüben intelligenter als sein Herrchen aussieht. Ich denke nur laut. Ist das Kind im Bus, das so nervt, während Mami nur zuschaut – und nichts macht, *ist* dieses Kind also geistig behindert oder einfach nur schlecht erzogen? Mein Gott, ich denk doch nur laut!!!

Zwei Kunden

Gewidmet Moritz Neumeier

Gepfändet wie ein Kreditbetrüger,
hat mein Konto einen Minusstand.
Zinsen – wachsend
zieht er die letzten Cents aus meiner Hand.
Zerstört den letzten Spielraum meines Dispos,
der höllengleichen Inflation sei Dank.
Die Besitzverhältnisse, es ist so:
halb privat und halb der Bank.

Denn in der Nacht, als du geschlafen hast,
hab ich 'nen Kassensturz gemacht.
Erdrückt von schwerer Schuldenlast
hat mir das Zählen, Rechnen schwer gemacht.
Denn reich zu sein heißt nichts zu geben,
wenn man dir Rechnungen gestellt.

Und ich stelle mir vor, alle Zahlen seien rot.
Die Kundschaft kauft schon woanders, mein Laden
ist tot,
denn ich wurde zwei Kunden los,
in drei Stunden bloß.

Der erste Kunde ist der Stammkunde, den ich einst
verlor,
wie eine feindliche Übernahme kommt es mir
heute vor.

Erst jetzt fehlen die Einnahmen, nach etlichen
                                    Jahren.
Jetzt fällt mir auf, dass wir mal glücklich in einer
                    Geschäftsbeziehung waren.
Scientology sagt: „Mach alles, damit du reich
                                    wirst.
Und scheiß auf den Rest!"
Ja, aber das heißt doch nicht, dass du meinen
                            Laden verlässt.
Das musst du doch wirklich gewusst haben.
Hast du bis heute vergessen, wie viel wir damals
                            Verlust hatten?
Ich hab's versucht auszugleichen, aber das ging
                                nicht gut,
und jetzt bin ich halt pleite, unterschreib Schecks
                                mit Blut,
denn ich stelle mir vor, alle Zahlen seien rot.
Die Kundschaft kauft schon woanders, mein Laden
                                    ist tot,
denn ich wurde zwei Kunden los,
in drei Stunden bloß.

Der 2. Kunde bist du,
denn du hast mir gesagt, wir würden ewiges Glück
                                    haben,
ohne jegliche Rückgaben, in erheblichen
                            Stückzahlen.
Aber ich hab seit der Retour nicht mehr gegessen,
alle Stornos bezahlt, jeder Neukauf vermessen.

Und es gibt keinen Umsatz, kein Plus in den
Kassen,
aller Handel steht still, die Belegschaft entlassen.
Und diese elende Krise macht sich überall breiter.
Der Markt sagt: Kaufen, verkaufen, kaufen,
verkaufen,
aber mein Haus verkauft nichts, nein, es geht
pleite.
Und es geht eisern pleite, alles ist viel zu teuer,
es schreit: „Bescheiß das Finanzamt!", doch dann
käme die Steuer.

Und ich hab zum ersten Mal Angst, dass die
Gewinne versanden,
weil du nichts mehr kaufst, was wir doch bisher so
kannten.

Und ich stelle mir vor, alle Zahlen seien rot.
Die Kundschaft kauft schon woanders, mein Laden
ist tot,
denn ich wurde zwei Kunden los,
in drei Stunden bloß.

Bauchweh

Eine Bekannte von mir haben sie neulich mit massiven Bauchschmerzen ins Krankenhaus eingeliefert, gleich in den OP gekarrt und aufgeschnitten: alles voll mit Kind. Sie müsse sich bei einem one-night-stand mit einer Schwangerschaft angesteckt haben, meinte der Arzt und dass es bei der Größe zu spät sei, noch etwas zu machen. Schrecklich so was.

Irgendetwas falsch gemacht.

Als meine Mutter sagte, dass ihr meine Frisur gefällt, habe ich den Friseur gewechselt. Das ging ja
noch. Jetzt mag sie meine Frau.

Reisevorbereitungen.

Bevor wir die Katze zum Autobahnrastplatz brin-
gen, setzen wir die Oma noch mit einem Spaten am
Friedhof ab. Da kann sie sich selbst ein schönes
Plätzchen aussuchen.

Die Sache mit den Sternschnuppen

… und dann seh ich endlich auch eine! Ich hab seit Wochen in den Nachthimmel gestarrt und ich überleg' noch, was ich mir wünsche, und ich zerbrech' fast unter der Last der Verantwortung. Wieso gibt es kein Amt, das die Wünsche reguliert? Einmal in der Woche sollte ein Uno-Gremium präzise ausformulierte Wünsche zum Wohl der Menschheit an die ISS schicken. Dort wäre rund um die Uhr ein NASA-Mitarbeiter in einem Ausguck damit beschäftigt alle Sternschnuppen abzufangen und mit sinnvollen Wünschen zu belegen, bevor jemand wie Ahmadinedschad oder Kim Yong Il welche erfüllt bekommt. Das wäre gut. Stattdessen darf sich ein Paul aus der 6 C wünschen, dass sein Mathelehrer bei 'nem Autounfall stirbt, Berlusconi einen Wahlsieg nach dem anderen, Mario Barth ein Publikum, das ihn witzig findet, und alle Wünsche werden erfüllt. Was also ist mit mir? Bin ich ein selbstsüchtiges Ego-Schwein und wünsch' mir ewige Jugend in Wohlstand und Gesundheit oder gebe ich den Altruisten und tu' was Gutes für die ganze Menschheit? Mehr Sonne für Kiel vs. Stopp des Klimawandels? Eine Gehaltserhöhung für mich oder das Ende aller Kriege? Und ich hab ein bisschen ein schlechtes Gewissen wegen meiner bisherigen Lebensführung im Ganzen und ein paar Sachen im Speziellen – und da wünsch ich mir tatsächlich, dass der Hunger der Welt gestillt sei. Mit einem warmen Gefühl ums Herz schlafe ich gut in

dieser Nacht. Am nächsten Morgen titelt die Bildzeitung mit:

*„Alle satt! Lebensmittelindustrie entlässt Mil-
lionen!"*

Auch wieder Scheiße ...

Raubkopie

Bei den ganzen Raubkopien und Plagiaten aus Fernost würde es mich nicht wundern, wenn die Chinesen in zehn Jahren eine Demokratie hätten, die genauso aussieht wie unsere, dabei aber besser funktioniert und nur die Hälfte kostet.

Märchenhaft

„Etwas Besseres als den Tod finden wir überall!",
sprachen die Bremer Stadtmusikanten, marschier-
ten in die weite Welt und wurden auf der A7 von
einem Schwertransporter erfasst.

Stalking

Ich war jetzt bei der Polizei wegen dieser Verrück-
ten, die mich seit Ewigkeiten zu allen Tages- und
Nachtzeiten an den unmöglichsten Orten belästigt,
aber der Beamte dort meinte, ehe ich sie wegen
Stalkings anzeige, sollte ich mich von der Frau
zumindest erst mal scheiden lassen.

Für Spott und Vaterland

Die Bundeswehr hat ein Nachwuchsproblem, weil die schlaueren unter den bildungsfernen Jugendlichen nicht irgendwo sterben wollen, wo es keine Direktflüge nach Mallorca gibt, und weil der Rest der Jugend zu fett und/oder zu dumm ist. Jetzt sollen ein modernes Image und Werbung es richten, andererseits soll das Budget abgespeckt werden. Auf Führungsebene wird schon nach einem robusten Mandat in der Werbeschlacht verlangt, mit der Genehmigung auf Ein-Euro- und Flatrate-Partys zu rekrutieren.

Als patriotischen Beitrag von der schreibenden Arbeitsfront hier meine persönliche Top Ten schmissiger Slogans für einen gesunden Hurra-Patriotismus und eine Kriegsbegeisterung wie um 1914, zum Beispiel um sie auf Munition zu prägen. Gerade auf den neuen Märkten in Afghanistan und in Afrika sollte die Bundeswehr sich auch als Marke bekannt machen:

Platz 10: Heute ein Mörder.

Platz 9: Wir können alles – außer Frieden.

Platz 8: Bundeswehr – aus Freude am Töten.

Platz 7: Wie? Bin ich schon tot? Das war ja einfach.

Platz 6: Krieg ist, was ihr draus macht.

Platz 5: Krieg heißt jetzt Konflikt – sonst ändert sich nikt. (Gut, „nikt" ist jetzt kein richtiges Wort, aber Bamboocha kannte vorher auch keiner.)

Platz 4: Deutsche Soldaten – aus Erfahrung gut.

Platz 3: Bundeswehr – das Krieg.

Platz 2: Entdecke die Tödlichkeiten.

Platz 1: Es gibt Dinge, die kann man nicht töten, für alles andere gibt es Bundeswehr.

Auch Jingles werden diskutiert:

Wenn's um Krieg geht: Bundeswehr ...

Die wecken den Krieger in Dir – und Dir!

Boom – Boom – Boom (mit der Melodie von „zoom – zoom – zoom").

Außen Panzer – innen Soldat.

Für das moderne Image denkt die Bundeswehr an viele neue Maßnahmen. Neuerungen gibt es beispielsweise bei den Bezeichnungen der Dienstgrade, wie „Dude", „Super Dude", „Super Dude Deluxe", die künftig die unteren Offiziersränge ersetzen werden. Die Marine wird in „Bubble-Splash-Unit" umbenannt, die Luftwaffe in „The Skywalkers" und das Heer in „Teenage Mutant Ninja Humans". Die neuen Uniformen kommen von Karl Lagerfeld und der hat sich endlich auch mal getraut, Funktionalität und Tarnung zugunsten von Extravaganz und Style über Bord zu werfen. Mag sein, dass es künftig mehr Opfer auf deutscher Seite geben wird, Fashion-Victims aber sicher keine mehr. Sollen sich doch die anderen Nationen hinter Flecktarn auf den Schlachtfeldern verstecken, für uns wird das Feld der Ehre zum Catwalk. Der Außenwirkung wegen sollen an vorderster Front von nun an auch nur noch besonders attraktive Soldaten eingesetzt werden, um das Bild vom hässlichen Deutschen im Ausland zu ändern. Jüngste Untersuchungen haben ergeben, dass die Akzeptanz, erschossen zu werden, bei einem attraktiven Täter um 0,6 Prozent höher liegt als bei einem hässlichen.

Doch es soll ja auch gespart werden. Der Grundwehrdienst wird künftig outgesourced an afghanische Ausbildungscamps, die sich in den letzten Jahren einen hervorragenden Ruf erarbeitet haben. Auch bei der Ausrüstung wurden neue Sparmöglichkeiten ausgemacht. Truppen werden künftig unbewaffnet im Kriegsgebiet abgesetzt, wo sie Waffen und Ausrüstung selbst erbeuten sollen. Nach Informationen des militärischen Nachrichtendienstes gibt es „vor Ort üblicherweise genug von dem Kladderadatsch", so der betreffende Dude im Wortlaut. Man verspricht sich davon hohe Einsparungen, besonders bei den Rentenausgaben.

Tempora mutantur ...

Unsere Tante war schon eine Weile des Lebens in einer zunehmend technisierten Welt überdrüssig. Letztes Wochenende fanden wir sie tot in der Garage. Sie saß bei laufendem Motor und geöffneter Seitenscheibe auf dem Fahrersitz. Verhungert in unserem Elektroauto.

Modern Times

Wie man sich aufregen kann! Mein Gott, ich hab zwei, drei Sätze in dem Artikel mit einem Edding unterstrichen, da bricht ein Sturm der Entgeisterung los, wie ich nur könne. Ich hab ihm dann das iPad wiedergegeben und nie wieder mit ihm geredet.

Lehrer Incognita

Noch immer wäre es ihm lieber, er hätte die Tür zum Kartenraum der Schule nicht im falschen Moment geöffnet. Zu zwei Erkenntnissen hatte ihm der unangenehme Zwischenfall mit dem masturbierenden Geographielehrer aber verholfen:

1. Auch 500 Jahre nach Christoph Columbus sind noch viele weiße Flecken auf der Landkarte zu finden.

Und:

2. In diesem Jahr würde seine Note in Erdkunde bedeutend besser ausfallen als sonst.

Klassentreffen

Ich habe eine Einladung zum Klassentreffen erhalten. Zehn Jahre Abitur. Beruflich und privat habe ich gerade 'ne Menge Stress. Mein Arbeitgeber will mich feuern und meine Frau lässt sich scheiden. Soll ich da wirklich hin? Eigentlich habe ich sie alle gehasst. Und ich seh es schon vor mir: Die Hälfte verheiratet mit Kind, guter Job bei einer Bank oder Versicherung. Und die Anderen? Wir werden sehen ...

Der Schüler formerly known as Bolle hat sich zwischenzeitlich als Talkshowgast durchgeschlagen, dreht jetzt aber einen Film über einen masochistischen Iraker, der es darauf anlegt, nach Abu Ghureib zu kommen. Sieh an, der Bolle. Ich will nicht sagen, dass Harald schon damals etwas von einem Zuhälter hatte, aber von der Ahoibrause, die seine Schwester Anette seinerzeit in der ersten Klasse für das Entblößen ihrer Genitalien von uns erhielt, ging die Hälfte an ihn. Zumindest scheint er finanziell gut dazustehen und er hat noch immer den meisten Kontakt mit einigen der Lehrer von früher. Angeblich ist sein Bordell die erste Adresse in der Stadt. Ich find das toll, wenn sich einer was aufbaut.

Stevie, der ein wenig überdreht wirkt, importiert irgendwas aus Kolumbien, ich hab aber nicht ganz verstanden was, er muss dauernd kurz auf's Klo. Tina war früher schon gut in Kunst – jetzt lebt sie davon. Derzeit verbrennt sie Exemplare des

Buchs „Mein Kampf" von Hitler, mischt die Asche zu einer Art Farbe an und schreibt damit „Unser Frieden" auf Ku-Klux-Klan-Kutten, in denen sie dann Schwarzafrikaner durch national befreite Zonen in Sachsen-Anhalt laufen lässt. Hat irgendwas mit Aktionskunst und Toleranz zu tun und wird vom Staat bezahlt.

Olli hat früher kräftig gedealt, jetzt verknackt er selber Kiffer als Hardliner-Staatsanwalt beim Amtsgericht. Da trifft er sicher oft Sebastian. Damals noch unter dem Namen „Zecke" war er Kopf der Antifa, heute ist er Scheidungsanwalt. Aber Sebastian übernimmt immer noch Verantwortung und schreitet dort ein, wo Missstände sind. Im Yachtklub ist er Vorsitzender und neulich im Golfklub hat er sich sogar dafür stark gemacht, dass ein Ausländer aufgenommen wird. Das war jetzt zwar nur ein Schweizer, aber er ballt und hebt die Faust zum Abschluss der Erzählung seiner Heldentat und in seinen Worten klingt es, als habe er im Dritten Reich einem Juden das Leben gerettet.

Wir haben nie verstanden, wie Steffi, die Klassenmatratze, die einen Strauß von deflorierten Jungs vorzuweisen hat, wie diese intellektuelle Sturzgeburt überhaupt die nötige Punktzahl fürs Abi zusammenbekommen hat. Na ja, Schwamm drüber, sie ist jetzt übrigens mit dem Rektor verheiratet. Verrückt, wie es manchmal geht. Sie betrügt ihn laut Claudia mit den Abiturienten des jeweiligen Abschlussjahrgangs. Steffi ist sogar mit einem Abiturienten da. Und zwar mit Holgi. Holgi ist zuversichtlich, dieses Jahr auch Abi zu machen. Mit uns zusammen hat es damals ja nicht geklappt und dazwischen lief es ebenfalls nicht so gut:

– „Weißt du, dass die jedes Jahr andere Aufgaben nehmen?"

– „Echt Holgi? Das ist ja voll fies!"

– „Find ich auch! Und was machst du jetzt so?"

– „Ich? Nichts Besonderes. Ich hab in meiner Firma heute 500.000 Euro veruntreut und im Kofferraum meines Wagens, gleich hier draußen vor der Tür, liegen die Leichen meiner Frau und meiner Schwiegereltern. Ach ja, und in fünf Minuten sollte das Sarin in der Bowle anfangen zu wirken. Trink doch auch noch einen."

– „Immer noch der alte Witzbold, was? Na, ich hol mir noch was von der ‚Sarinbowle'". – und dabei setzt er das Wort *Sarinbowle* mit den Fingern in Anführungszeichen, zwinkert mir zu und verschwindet in Richtung Büffet.

Man kann wirklich die schrecklichsten Dinge sagen. Wenn man dabei ein regungsloses Gesicht macht, glauben alle, es wäre nur Spaß.

Entwicklungspsychologie

Unser Ältester, Horst, ist jetzt in die Phase mit dem Fremdeln gekommen. Wenn sich ihm jemand Unbekanntes nähert, verzerrt er das Gesicht wie in Schmerzen, fängt laut an zu weinen, schreit wie am Spieß und ist erstmal gar mehr nicht zu beruhigen. Der Kinderarzt meint zwar, das sei ganz normal und sogar eher überfällig gewesen, aber das macht es Horst auch nicht leichter bei seinem Job als Coach im Kundenservice.

Noch ein Elefant, der verschwindet ...

Die erste Bombe der Alliierten, die im Zweiten Weltkrieg über Berlin abgeworfen wurde, tötete den einzigen Elefanten des Zoos. Besonders tragisch dabei: Der Elefant war nicht einmal in der Partei und hatte nachweislich ein kommunistisches Nashorn vor den Nazis versteckt. Als Winston Churchill davon erfuhr, reagierte er umgehend und entschuldigte sich tief betroffen bei Floyd, seinem Butler, dem einzigen Schwarzafrikaner, den er persönlich kannte.

Global!

Ich hab mir jetzt auch mal Gedanken um den Planeten gemacht, ich entschuldige mich dafür, es erst jetzt zu tun, aber es war einfach zu viel los. Und wie ich mir so Gedanken mache, da entdeckten ich und mein globales Bewusstsein, dass ja doch einiges im Argen liegt. In Afrika breiten sich die Wüsten aus, aber in Bangladesch meint man sich heutzutage noch Überschwemmungen leisten zu können. Das hängt doch alles zusammen! Würde jeder Einwohner Bangladeschs nur einen Liter Wasser für die Sahelzone spenden – allen wäre geholfen. Viele Menschen verschwenden Licht, indem sie am hellichten Tag alle Lampen in der Wohnung anmachen, während Menschen am anderen Ende der Erde zur selben Zeit im Dunkeln sitzen. Die Zustände in Australien kann man getrost als „Nacht" bezeichnen. Europa war bis vor hundert Jahren ein hervorragender Standort für Kinderarbeit, heutzutage sind die Jobs in China und in Deutschland herrscht eine flächendeckende Kinderarbeitslosigkeit, die in Statistiken nur ungeschickt als „Schulzeit" kaschiert wird. Norwegen hält sich immer noch riesige Herden von Rentieren, in Südafrika kommt diese Tierart heute praktisch schon nicht mehr vor. Jedes Land sollte genau gleich viele Elefanten, Eisbären und Kängurus besitzen! Warum schaut die Weltgemeinschaft dabei zu, wie Türken und Skandinavier die gesamten Bestände an Üs und Ös aufbrauchen, während

Sprachen wie das Englische vollständig auf Umlaute verzichten müssen? Die Ressourcen müssen gerechter verteilt werden! Die Afghanen nehmen so viele englische, französische und deutsche Soldaten in Anspruch, dass es mit den Kapazitäten für einen eigenen, innereuropäischen Krieg ganz finster aussieht.

So kann es doch nicht weitergehen! Tut was! Spendet einen Gedanken für einen bedürftigen Idioten, schickt Liebesbriefe – in den Irak und steckt alles, was ihr nicht aufesst in ein Päckchen, das nach Afrika geht! Gleicht die Mängel dieser Welt aus! Und bitte: Schenkt Jean-Marie Le Pen, Blocher in der Schweiz und allen anderen Hetzern weltweit das gleiche Auto, wie es Jörg Haider fuhr. Wenn wir wollen, dass es zuhause schön ist, müssen wir die Welt verändern. Also: Think local – act global!

Erstsemester Medizin

Einem befreundeten Erstsemester der Medizin gefällt es bei sich in der Fakultät eigentlich recht gut, alle seien sehr nett, nur die Leute aus der Proktologie seien für den Arsch.

1989

Ex oriente lux:
Im Osten geht die Sonne auf.

Stimmt schon.

Aber bis zum Abend war auch sie froh,
es in den Westen geschafft zu haben.

Nicht zufrieden zu stellen.

Ich habe neu tapeziert, Parkett gelegt, einen Flach-
bildschirm an die Wand geschraubt und ein Dolby-
Surround-System eingebaut. Jetzt machen sie voll
Stress, dabei schreibt die Bahn doch, dass man die
Toiletten so verlassen soll, wie man sie vorfinden
möchte ...

Missverständnis an der Kinokasse

„Warst du schon in Stalingrad?"
„Nee, aber mein Opa."

Weltende

Am Ende der Welt steht ein Burger King,
daneben Gebäude – Behörden drin.
Direkt am Rand ein Schild mit 'ner Warnung,
schon fünf Meter weiter hat keiner 'ne Ahnung.

Keiner schaut hin, man nennt es „Gespenster"
und niemandes Haus hat zum Rand hin ein Fenster.
So lebt man und könnt, wenn man wollte, es
                              wissen,
doch schläft sich's nicht gut – mit 'nem schlechten
                              Gewissen.

Die Krise ist da! Wir müssen sparen!

Ich sag es gleich vorweg, spart euch den Applaus, wir sind in der Krise. Das ist Klatschen, das an anderer Stelle fehlt. Wir alle müssen unseren Beitrag leisten, es hat die ganze Republik ergriffen: Bei kleineren Brandfällen verschickt die Feuerwehr künftig nur noch Briefe auf Löschpapier. Bei Großbränden kann man die kostenpflichtige Hotline mit Tipps und Tricks zum Umgang mit dem Flammeninferno anrufen. Die aktiv löschende Feuerwehr mit ihrem Vor-Ort-Service kommt künftig nur noch zu den zahlenden Clubmitgliedern der „Comfort-Friends-of-the-Feuerwehr". Hartz-IV-Empfänger mögen im Brandfall in Zukunft bitte die Türen ihrer Wohnung von innen verschließen und zum Wohle der Volksgemeinschaft in den Flammen ausharren. „Es gibt Menschen, die können wir uns einfach nicht mehr leisten", so der ehemalige Berliner Senator Sarrazin.

Der Staat kann sich die Polizei nicht mehr leisten und organisiert das Ganze nach dem Paten- und Schutzgeldprinzip neu. Nebenanbieter wie die „Cosa Nostra Deutschland" haben teilweise attraktive Angebote, vergleichen lohnt sich.

Wo das Geld für den technologischen Anschluss an die restliche Menschheit knapp ist, kann auch Freeware ihren Zweck erfüllen, wie das *uPhone*: Einfach das *iPhone* von Freunden benutzen! Und wer sich nicht an ein blödes soziales Netzwerk wie die „Gesellschaft" binden will, macht mit einem simplen Moralkonverter, einem Damenstrumpf und einer robusten Zaunlatte das *iPhone* eines Fremden zum *Now-My-Phone*! Exklusiv erhältlich im Sozialneid-Tarif – und nur in dunklen Seitenstraßen, schummrigen Unterführungen und städtischen Parks während der Dämmerung. Schlagen sie jetzt zu!

Und es kann noch an so vielen Stellen gespart werden: Die FDP spart sich die Menschlichkeit und der Westerwolf das Kreidefressen, die SPD spart sich das „S" bzw. natürlich nur, wofür es mal stand, das klänge ja auch doof, so nur mit PD, und Angela Merkel spart sich das Regieren. Gaddafi, Rudi Assauer und große Teile der Erdbevölkerung sparen sich den gesunden Menschenverstand, Griechenland das Sparen selbst und Schüler sparen nicht mehr für den Führerschein, sondern für ihren Amoklauf.

Hier ein paar pfiffige Spar-Tipps für die Allgemeinheit: Probier es mal mit Nordic Walking – ohne Stöcke! Geh einfach sparzieren. Schluss mit teuren Kindergeburtstagen, mal' deinen Kindern mal ein Bild – und bei Luftballons kann man auch auf die Hülle verzichten. Putz dir morgens die Zähne mit Nutella, das macht satt und spart Zeit. Spar dir den Flug nach Thailand – werde katholischer Priester! Spar dir das Selbstmitleid, ein gebrochener Zeh ist keine Querschnittslähmung im Frühstadium. Und du, spar dir das Grinsen, dazu hast du nach dem Tod noch genug Zeit. Zum Schluss habe ich auch für die Deutsche Bahn einen

Vorschlag zur Aufbesserung der Finanzen: Diese „Jeder Missbrauch ist strafbar"-Aufkleber in den Zügen, also, wenn man die an die Katholische Kirche verkaufen würde, ja? So für in Kirchen und Beichtstühlen, wär das nicht was?

Harmonie

Die Beziehung eines Bekannten hat jetzt den Punkt erreicht, an dem er und seine Frau sich so weit von einander entfremdet haben, dass der Sex schon wieder spannend geworden ist.

Verständnisfrage:

Sex mit einer Hochschwangeren, zählt das schon als flotter Dreier?

Schnippchen schlagen

Dem Sensenmann eins auswischen, einfach schon tot sein, wenn er kommt.

Verse

Der deutschen Glückwunsch- und Beileidskartenindustrie zur freien Verwendung (mein Beitrag zur Konjunktur):

01. Zur Beförderung

Um eine Stufe steigst Du auf,
das franst dem Chef das Arschloch aus,
denn Du kriechst immer tiefer rein –
ich gönn's Dir nicht – Kollegenschwein!

02. Zum Geburtstag

Und noch ein Jahr – bald wird gestorben,
Dein Haaransatz verrutscht nach oben,
die beste Zeit? Vorbei – in Weite,
plus kein Geschenk – denn ich bin pleite.

03. Zur Geburt
(des Kindes eines befreundeten Paares)

Viel Spaß, ihr Deppen – das wird teuer!
Versichert euch – auch gegen Feuer –
und gebt ihm lieber jetzt schon Drogen,
dann wirkt er ruhig und erzogen.

04. Zur Beerdigung

Der alte Sack ging endlich stiften,
er starb an einer Pilzvergiftung.
Die Trauerzeit bin ich im Wald –
und such' noch mehr Pilze – bis bald!

05. Zur Scheidung
(Er für Sie)

Vergiss, vergib, verzeih was war,
jetzt hinterher erst wird mir klar,
wir haben uns um uns selbst beschissen,
ich glaub' Du wirst mein Geld vermissen.

(Sie für ihn)

Viel Spaß mit Deiner Sekretärin,
für zwei Minuten – nie war mehr drin.
Ich hab' Dich immer nur beschissen,
und weiß – Du wirst Dein Geld vermissen.

06. Zum Tod des Haustieres

Nie wieder Haarknäuel – keine Haufen.
Nie! Niemals wieder Gassilaufen.
Geschminktes Frauchen – Mund ist rot,
jetzt wird gefeiert – Hund ist tot.

Das 3. Reich

Das Lieblingsthema des *Spiegel* ist das Dritte Reich. Seit Gründung des Blattes beschäftigten sich 30 % aller Titel mit dem Zweiten Weltkrieg, 500 Titel alleine zeigten das Konterfei Adolf Hitlers. Hier nun drei Themen, die innerhalb dieser Ein-Volk-ein-Führer-Zweiter-Weltkrieg-Drittes-Reich-Vierziger-Jahre-Chose noch nicht angesprochen wurden:

1. Nach reiflicher Überlegung und im vollen Bewusstsein der Tragweite meiner Aussage habe ich nun doch eine Sache gefunden, die mir an der Zeit des Dritten Reiches besser gefallen hat als heute: Im Gegensatz zu Kuschelpädagogik-Aussteigerprogrammen halte ich die Bekämpfung von Nazis mit großen militärischen Verbänden und schwerem Kriegsgerät immer noch für das geeignetere Mittel.

2. Erst vor wenigen Tagen verglich ein Kardinal die Verfolgung der Juden im Dritten Reich mit der, die die katholische Kirche nun, nach dem Bekanntwerden neuer Kindesmissbrauchsfälle durch Priester erdulden müsse. Da es also scheinbar ein großes Bedürfnis gibt, dies und jenes heute mit diesem und jenem im Dritten Reich zu vergleichen, möchte ich hiermit ein Angebot machen: Der einzig unproblematische Drittes-Reich-Vergleich, der mir einfällt, der Allgemeinheit zur freien Verwendung: „Zur Zeit ist es kalt wie in Stalingrad."

3. Ich bin nicht der Erste, dem auffällt, dass Nazis eine von der Werbung vernachlässigte Zielgruppe darstellen. Ich will das auch nicht ausweiten, einen Slogan möchte ich dem IKEA-Konzern aber doch anbieten, um ihn in national befreiten Zonen auf großformatige Plakate drucken zu lassen:

„Das Billy-Regal – so was hätte man im Dritten Reich an die Wand gestellt!"

Literaturwissenschaftliche Frage

Schon Charles Dickens Werk und auch Orwells
1984 suchte man bei deutschen Übersetzungen
sprachlich den lokalen Gegebenheiten anzupassen,
teils durch Adaptionen von Handlungsorten, teils
durch den Austausch vergleichbarer Dialekte und
so hoffe ich, dass meine Frage nicht zu weit herge-
holt scheint: Gibt es in neuseeländischen Übersetzungen von Büchners Woyzek einen Tambour-
Maori?

Wachsamkeit unerwünscht

Eine Erfahrung haben mich Flugreisen gelehrt:
Man erhält nicht die verdiente Anerkennung, die
man sich allgemein vielleicht vorstellt, wenn man
am Flughafen alle verdächtigen Moslems meldet,
die einem so auffallen. Jedenfalls nicht in Istanbul.

Die Schöpfung

Wie Gott so Tinte schwingt
auf weißem Blatt,
und er das Wort „Weltall"
in Schönschrift schreibt,
dann „Erde", „Mensch",
ist das Blatt fast schon wieder voll,
und auf die letzten Zentimeter
quetscht er mit Mühe:
„Und den Rest!"

Trauerweide 2002

Ein politisches Naturgedicht

Es trauert die Weide
um eins ihrer Kätzchen,
der murmelnde Fluss hält
und bleibt auf ein Schwätzchen.
Er wollte sie trösten,
doch bald weinen beide,
der murmelnde Fluss
und die trauernde Weide.
Hoch oben am Himmel
können tiefdunkle Wolken,
die Leiden der beiden
dort unten verfolgen.
Auch sie bleiben, weinend
unter all diesen Tränen,
brechen Deiche und Dämme,
es gibt schreckliche Szenen.
Ganz nass sind die Füße
der Armen und Reichen,
jetzt weint auch die Menschheit,
dort hinter den Deichen.
Die Trauer der Weide,
derselben die Wut,
brachte Schröder den Wahlsieg
und der Elbe die Flut.

Eigentlich

Weißt du eigentlich, dass man den Standpunkt der Chinesen schon nachvollziehen kann, wenn man persönliche Gründe dafür hat, gegen die Befreiung Tibets zu sein?

Wertschätzung

Einsamen rate ich, einfach mal keine Steuererklärung abzugeben. Ein schönes Gefühl, wenigstens vom Finanzamt geschätzt zu werden.

Vergleichende Statistik

Was sind das für Aussagen? Was sagen uns Statistiken wie diese: „1,68 Kilogramm Gummibärchen enthalten so viel Zucker wie 1.000 aufeinandergestapelte Stücke Würfelzucker – und den kompletten Hufsatz einer Kuh an Gelatine." „Wenn Sie die Jahresproduktion des Toilettenpapiers X aneinanderreihen, gibt das eine Kette dreimal um die ganze Welt" oder „alle hergestellten Wagen des Typs Y aufeinandergestellt bilden einen Turm, den man entlangklettern könnte, bis hinauf zum Mond". Das stelle ich mir schon rein statisch schwierig vor, schließlich drehen wir uns am Äquator mit etwa 1680 km/h um die eigene Achse. Es geht wohl darum, Zahlen begreifbar zu machen. Ich hege Begeisterung für diese Wissenschaft der vergleichenden Statistik – sie ersinnt fantastische Vorhaben, irrsinnige Projektideen, leider immer nur hypothetisch. Und genau das stört mich daran: Diese monumentalen Pläne werden nie umgesetzt. Ich will das sehen! Ich will meinen entblößten Hintern dreimal als Cosy-Klopapier-Pilger um den Planeten abputzen, ich freue mich darauf, Tom Buhrow in den Tagesthemen sagen zu hören: „Weltraum: Die internationale Raumstation ISS hat sich heute in einem Orbit 150 Kilometer über der Erdoberfläche unglücklich in einer zwischen Erde und Mond gespannten Wurstkette der Marke Meica verfangen." Mich reizt die Vorstellung eines einsamen Bandes, dass sich durch gottverlassene

Schluchten des Himalajas windet, das sich elastisch eine Handbreit über den Weiten des pazifischen Ozeans spannt oder über das die Kamele einer Gruppe Tuareg mitten in der Sahara stolpern. Ein gigantisches Gummiband aus der Monatskondomproduktion des Beate-Uhse-Versandes, wohlgemerkt (1,5-mal um die Erde). Was aber sagt mir das über die Sicherheit eines Präservativs? Ich meine, wenn *ein* Kondom das könnte, zugegeben, das wäre beeindruckend, aber so?

Anders: Legt man die Pointen dieses Textes aneinander, kommt man vielleicht nicht mal bis aufs Klo, geschweige denn bis zum Ausgang. Im besten Falle reichen sie für eine Zigarette. Apropos Zigarette. Bis zu 1,68 Kilogramm Teer findet man statistisch in der Lunge eines Menschen, der 50 Jahre geraucht hat. Das sind 1,68 Kilogramm Teer verteilt auf die Fläche eines Tennisplatzes, würde man die Lunge ausbreiten. Alle Tennisplätze der Welt ergeben zusammen eine Fläche in der Größe Belgiens. Würde man dann alle Belgier in eine Reihe stellen, stünden sie Schlange von Brüssel bis Melbourne in Australien. Das Gift einer australischen Würfelqualle kann in nur fünf Minuten übrigens bis zu 80 Menschen töten. Angeblich beträgt das Gewicht der Seele 21 Gramm. Bei 80 Menschen sind das wieder 1,68 Kilogramm und Belgien wäre innerhalb von 5 Minuten durch 400.000 australische Würfelquallen zu entvölkern. So viel zur Statistik.

Internationaler Vergleich

Im internationalen Vergleich bemüht man in Deutschland internationale Vergleiche bedeutend häufiger als beispielsweise in Nordkorea oder Somalia.

Krank

Unglaublich, wie manche Leute sich von den Medien verrückt machen lassen. Ein Freund von mir
bildet sich inzwischen schon ein, er leide unter Hypochondrie. Der Arzt hat ihm jetzt ein gutes Pla-
cebo verschrieben.

Fehlinterpretation

Wenn sich der 8-jährige Erstgeborene den Kopf im Treppengeländer einklemmt und man in einem Internetforum den Tipp findet, das Kind mit Gleitcreme zu befreien – und wenn man dann den 6-jährigen Zweitgeborenen losschickt, in der Apotheke diese Gleitcreme zu besorgen, und der dann mit Polizei und einem aufgebrachten Lynchmob wieder nach Hause kommt, dann gibt es erst mal eine Menge Aufklärungsbedarf.

Endspiel

Herzlich willkommen meine Damen und Herren, zum Armageddon, der letzten Schlacht des Himmels gegen die Hölle, von Licht gegen Dunkelheit, Gut gegen Böse. Wir berichten hier live aus einem Limbus zwischen den Sphären, mein Name ist Johannes und ich hoffe, Sie haben es sich schon gemütlich gemacht. Auf den Tribünen sehen wir die Spielerfrauen aus dem Himmel: Mutter Theresa, Sinéad O'Connor und Paris Hilton, die mit der Heirat Benedikts des XVI. im Jahre 2011 einen gänzlich unerwarteten Coup landete. Auf der Seite der Hölle sehen wir Lukrezia Borgia, Eva Braun und Britney Spears – um nur einige zu nennen.

Zur Aufstellung des heutigen Spiels: Bis zuletzt hatten die Trainer ihre Elf geheim gehalten. Wen hat der Himmel aus seinen Reihen berufen? Gleich zu Beginn eine umstrittene Entscheidung. Lange Zeit war in den Medien von einem Torwartstreit die Rede, zwei Topspicler standen zur Auswahl. Heute endlich erfahren wir, dass im Tor mit der Nummer 1 Kahn spielt. Natürlich Khan, allerdings Dschingis Khan, der im Gegensatz zu Oli Kahn in letzter Zeit eindeutig die überzeugendere Leistung gebracht hatte. Oli Kahn verfluchte daraufhin Sepp Herberger, das ist natürlich Blasphemie und bedeutet automatisch den Seitenwechsel zur Hölle für den sympathischen Choleriker aus München. Dschingis Khan ebenso wie Stalin mit der Nummer 7, durch einen spektakulären Transfer in letzter

Minute auf die Seite des Himmels geraten, haben beide ihre Zeit im Fegefeuer wirklich gut genutzt. Buddha mit der Nummer 6, mit der Nummer 10 spielt Bono von U2 – welch ein guter Mensch! Mit der 8 Moses, nach einer Verletzung Hiobs. Jesus Christus spielt wie immer mit der 12. Nummer 13 Kurt Cobain, niemand weiß so recht wieso, Nummer 15 Johannes Paul der Zweite, der immer noch ein wenig klapprig wirkt, Gandhi mit der 16 und zum Schluss der Erzengel Gabriel mit der Nummer 20. Trainer ist natürlich Sepp Herberger.

Aber wie hat die Hölle sich aufgestellt, was kann Trainer Adolf Hitler dem Himmel entgegenstellen? Nun, da die Liste bekannt ist, lässt sich sagen, dass es da wenige Überraschungen gibt. Einzig pikant, dass die Hölle Oli Kahn, ebenfalls mit der Nummer 1, ins Tor stellt nach dem erwähnten Clubtransfer des Bayern. Mit der 2 Niccolo Machiavelli, die 3 Armin Meiwes, der Kannibale von Rothenburg, Attila der Hunnenkönig mit der Nummer 4, die Nummer 20 spielt Roland Schill. Für einige sicher überraschend die Nummer 5 Martin Luther. Die Katholiken hatten eben doch Recht! Das Gleiche gilt im Übrigen für die Nummer 6, Tom Cruise. Scientology wurde als achte Todsünde in den Kanon aufgenommen. Nummer 9 ist Roland Koch aus Hessen, Judas Ischarioth mit der 10, Bill Gates Nummer 11 und mit der 8 Diego Maradona, im Tausch gegen Dschingis Khan.

Endlich ist es so weit, darauf hat der gesamte Kosmos seit der Schöpfung gewartet, der Schiedsrichter pfeift das Spiel an.

Die Hölle in Ballbesitz, Koch schießt einen langen Pass zu Cruise, Stalin nimmt ihm den Ball ab, umspielt Schill, gibt ab an Johannes Paul. Maradona taucht vor dem Ex-Pontifex wie aus dem Nichts auf, Johannes Paul II fällt hin, Maradona stürmt nach vorne, schießt – und trifft! 1:0 für die Hölle, ein Sturm hebt an und der Himmel verdunkelt sich über dem Spielfeld.

8. Spielminute: Wieder Maradona, ganz gefährlich nah dem Mongolen Dschingis. Nur Bono verteidigt das Tor, Maradona schießt, Khan wirft sich zur falschen Seite, der Ball ist drin! Schon wieder ein Tor von Maradona. Aber wo ist Christus? Christus diskutiert immer noch am Spielrand mit Judas. Wir haben die Szene eben in der Zeitlupe gesehen, Judas spuckte dem holden Knaben, wie ihn die Fans nennen, ins lockige Haar. Aber nicht nur Christus ist abgelenkt. Die ganze himmlische Mannschaft wirkt desorientiert und demotiviert, findet nicht zu ihrem Spiel. 2:0 steht es für die satanischen Fersen. Ist das schon die Herrschaft der Finsternis?

65. Spielminute: Die Hölle macht seit der Führung dicht vor ihrem Tor, es scheint kein Durchkommen zu geben für den Sturm des Himmels. Aber Maradona liegt seit seinem zweiten Tor erschöpft auf dem Rasen, da gibt es wohl ein Problem mit der Kondition, das weckt Hoffnung bei

den Heiligen. Und da, tatsächlich! Moses teilt die höllische Verteidigung, es bildet sich eine Gasse. Gandhi sieht seine Chance, schießt und Jesus Christus verwandelt den Pass in ein Tor. So habe ich ihn seit der Hochzeit von Kanaan nicht mehr zaubern gesehen! Hitler protestiert heftig, aber der Schiedsrichter hat kein Wunder gesehen und gibt das Tor für den Himmel. 1:2, die Hölle noch immer in Führung!

81. Spielminute: Hitler wechselt den erschöpften Maradona aus, aber wer ist der neue Spieler mit der Nummer 666? Ein Drache, groß und feuerrot, mit sieben Köpfen und zehn Hörnern und mit sieben Diademen auf seinen Köpfen. Sein Schwanz fegt ein Drittel aller Sterne vom Himmel und wirft sie auf die Erde herab. Der Schiedsrichter pfeift Foul und schickt den neuen Spieler schon nach dieser Aktion mit einer Roten Karte vom Platz. Der Himmel erhält einen Elfmeter zugesprochen. Bono läuft an, schießt – und trifft in die linke obere Ecke, Tor! Endlich der Ausgleich für den Himmel, jetzt ist wieder alles drin.

84. Spielminute: Sechs Minuten noch beim Jüngsten Gericht im Limbus – keiner wankt. Unaufhörlich prasseln das Feuer und die Frösche hernieder, es ist schwer, aber die Zuschauer harren aus. Wie könnten sie auch? Ein Armageddon ist nur alle 30 Milliarden Jahre. Und wann sieht man ein solches Endspiel? Luther, immer wieder Luther, der rechte Läufer der Hölle, hat den Ball – verloren, diesmal an Erzengel Gabriel. Gabriel

nach innen geflankt. Kopfball – abgewehrt. Aus dem Hintergrund müsste Christus schießen. Christus schießt ... Toooor! Toooor! Toooor! Toooor! Das Spiel ist aus! Der Himmel ist Meister. Schlägt die Hölle mit drei zu zwo Toren im Finale im Limbus.

Liebe – und was daraus werden kann

Hasen

Er war aus gegebenem Anlass gezwungen nach einem Adjektiv zu dem Wort „Hase" zu suchen. Ihr Blick hatte sich während des romantischen Essens zu einem interessierten „Vielleicht" erweicht und er hoffte, mit ein wenig Süßholz mehr würde es ein bestimmtes „Ja". Sie plauderten, doch immer öfter entstanden gespannte Momente aus Stille und tiefen Blicken.

„Du bist so ...", müsste er in diese Stille platzen – „so ...", ja so was? So niedlich, so wie ein Hase, aber das hätte irgendwie blöd geklungen. Er suchte nach einem passenderen Kompliment, etwas, dass sie verzücken, Brücken schlagen und die letzten Schlösser öffnen würde. Doch immer wieder kam er zurück zu dem Begriff „Hase". So war sie für ihn, aber er konnte ja schlecht sagen: „Du bist ein Hase!" Erstens hätte sie das bestimmt irritiert und zweitens traf es ja auch so nicht zu.

Wie ein Hase war sie. Also. Ein Adjektiv abgeleitet von Hase. Hm. Hasig? Sicher nicht. Hastig? Du bist so hastig? Auch nicht. Häsern, häsisch und hasisch kommen ihm in den Sinn, aber er verwirft den Gedanken. Haskulin? Oder vielleicht hasesk? Du bist so, bist so hasenartig, bist so hasenhaft? Wieder diese Stille, aber in ihren Augen gähnt jetzt schon etwas und er will die Situation retten und hört sich selber sagen: „Du bist so hässlich!"

Das Kind

Das mit dem Kind war möglicherweise ein Fehler. Man bekommt relativ wenig „niedlich" für relativ viel Stress, Lärm und Ekel. Und das Kindergeld reicht kaum für Zigaretten. Also unserer, Thorsten, ist ja auch schon bei 'ner Schachtel am Tag. Ist aber auch schon sechs. Das Kind wird zunehmend fordernd und möchte nicht mehr in der Waschmaschine schlafen. Wir bieten generös die Hundehütte an, stellen aber klar, dass es das mit unserem Pitbull „Panik" ausmachen muss. Thorsten lehnt ab und sagt, er habe in der Schule mitbekommen, dass andere Kinder in Betten schlafen. Wir reden jetzt oft vom Selbstständigwerden, legen Landkarten in der Wohnung aus und zeigen ihm Filme, in denen Kinder von zu Hause weglaufen. Erzählen Thorsten, dass wir gar nicht seine richtigen Eltern sind, er der Sohn von Zauberern ist und dass bald jemand kommt und ihn nach Hogwarts bringt. Das Kind hat im Internet einen Gentest gemacht und glaubt uns nicht.

Fahren mit dem Kind oft auf Volksfeste und andere Menschenansammlungen, das Kind geht aber nicht verloren. Gegenseitiges Misstrauen macht sich breit, das Kind steigt im Wald nicht mehr aus dem Auto und kettet sich bei jedem Halt mit Handschellen an die Wagentür – wir treten jetzt des Morgens oft in Reißnägel. Seit Neuestem schließt sich Thorsten nachts ein. Wir auch. Meine Frau und ich schlafen ohnehin nur noch abwechselnd.

Das Kind hinterlegt Briefe für Staatsanwaltschaft und Bildzeitung bei einem Schulfreund, für den Fall, dass ihm was zustößt. Sagt aber nicht bei welchem. 7. Geburtstag: Thorsten bekommt von Großeltern Chemiebaukasten, wir lassen unser Essen ab jetzt vom Hund vorkosten. Der Hund stirbt qualvoll. Die Großeltern kommen ins Pflegeheim und wir lassen uns beide sterilisieren. Verlieren das Kind beim Urlaub in Marokko. Schrecklich. Die Feierlichkeiten werden gestört von Thorsten. Ist in einem Flüchtlingsboot bis Mallorca gekommen und dann für 15 Euro mit Ryanair zurückgeflogen. Wir ziehen Thorsten die 15 Euro vom Taschengeld ab und rufen die Supernanny. Thorsten ruft die UNO. Die Supernanny gibt nach einem Tag auf und die UNO stationiert Blauhelmtruppen in unserem Wohnzimmer, weigert sich aber einzuschreiten, als Thorsten den Wellensittich entführt und per Video mit Enthauptung droht. Es kommt zu einem Handgemenge und leichten Verletzungen, als unsere Anwälte in der Küche auf Thorstens Anwälte stoßen. Schicken das Kind im Cowboykostüm zum Schüleraustausch nach Afghanistan. Thorsten kommt trotzdem lebendig wieder, nennt uns Ungläubige und weiß jetzt auch, wie man Rohrbomben baut. Kaufen großen Gefrierschrank. Thorsten verkauft großen Gefrierschrank bei Ebay, investiert den Gewinn in Leibwächter von der Mafia und nennt sich jetzt Don Thorsten. Letzte Woche habe ich Thorstens 8. Geburtstag vergessen, die Mafialeibwächter brechen mir den Arm, meine Frau wechselt die Seiten und sagt der Polizei, ich sei nur „gestolpert". Nach einem anonymen Tipp findet die Polizei „zufällig" Heroin in meinem Nachttisch, ich kenne noch nicht einmal den Nachttisch und Thorsten winkt fröhlich zum Abschied, als man mich abführt. Das mit dem Kind war möglicherweise ein Fehler.

Disstrack gegen meinen Sohn

Kleiner du kriechst vor mir,
na das sind tolle Posen,
und dein Arsch ist fett,
klar du hast volle Hosen,
Du disst mich im Schlaf
mit deiner Kinderrandale,
du bist ziemlich rough,
sprich kleiner Windelvandale.

Du hast keinen Flow,
ne du kannst nicht mal reden.
Eigentlich find ich alles
was du kannst ist daneben.
Nackt ähnelst du
nem dicken kleinen Buddha,
Sucker: Nie war es wahrer:
Ich ficke deine Mutter.

Rufmord

– Nee, sonst geht's mir soweit eigentlich ganz gut, Mama.

– (...)

– Ich glaub nicht, daß ich das dieses Jahr zu deinem Geburtstag schaffe.

– (...)

– Ja, ich weiß, dass das eine ganz schwere Geburt mit mir war.

– (...)

– Mhmm, 13 Stunden.

– (...)

– Ich kann mir natürlich nicht vorstellen, wie sich so ein Dammriss anfühlt.

– (...)

– Mhmm.

– (...)

– Wie es hier so ist? Ja, so'n bisschen wie im Ferienlager. Ja – Mama kann ich jetzt mal bitte ...

– (...)

– Mama?

– (...)

– Ich soll *dir* die Entführer geben?

– (...)

– Aber du kannst doch überhaupt kein arabisch!

– (...)

– Nein, Mama, frische Unterwäsche hab ich keine mehr.

– (...)

– Mama, hör mal, du musst in der Botschaft anrufen, das ist wirklich ...

– (...)

– Warum ich so selten anrufe in letzter Zeit?

– (...)

– Mama, ich bin seit drei Monaten in Geiselhaft und du quatschst mich voll, dass der Dackel von Jensens tot ist.

– (...)

– Ich schimpf ja gar nicht mit dir, Mama, jetzt wein doch nicht. Ich weiß, dass das ein ganz liebes Tier war, aber Mama, bitte, warst du bei der Botschaft, hast du die Forderungen übermittelt?

– (...)

– Was soll das heißen, da gehst du nicht mehr hin?

– (...)

– Wer war unfreundlich?

– (...)

– Der Außenminister?

– (...)

– Ja, sicher war der Dackel von Jensens auch irgendwie ein Bürger Deutschlands, aber da kann sich doch der Westerwelle nicht mit ...

– (...)

– Nein, Mama, hier hat niemand im Hintergrund ein Bügelbrett aufgeklappt. So klingt das, wenn jemand eine Kalaschnikow entsichert.

– (...)

– Ja, so laut ist das.

– (...)

– Nein, da hast du natürlich Recht, hätte ich Deutsch auf Lehramt fertig studiert, wäre das bestimmt nicht passiert, aber hör mal Mama, ich muss jetzt wirklich Schluss machen, das Lager wird grade so ein bisschen von Amerikanern angegriffen und ich – tuut – tuut – tuuuuut ...

Ich gebe zu, das mit dem Angriff der Amerikaner habe ich erfunden, aber irgendwie hatten die Taliban auf einmal viel Verständnis. Nachdem man dann auch Osama bin Laden das Gespräch übersetzt hatte, wurde ich überraschend frei gelassen. Aus Mitleid.

Kindergedicht

Verhaftet Kinderhasser und senkt Babynahrung
                                    preislich,
steckt Raser in den Knast und macht die Welt zur
                                    Zone 30,
stoppt alle Kriege, haltet die Welt an –
ich und meine Frau, wir sind jetzt Eltern!

Wir haben euch und allen einen Heiland geboren,
makellos, perfekt von den Zehen bis zu den Ohren.
Nicht, dass ich Seuchen, Mord und Terror nicht
                                    lustig oder gut fand,
ich fordere nur für meinen Sohn die Welt in gutem
                                    Zustand.

Ab heute ist jetzt bitte mal mit Folgendem Schluss:
Alle hören sich auf zu hassen und weder Wolken
                                    noch Fluss
werden weiterhin vergiftet, darum wird hier
                                    gebeten
sowie 'ne Schaumgummischicht für den ganzen
                                    Planeten.

So viele Eltern sind gestraft, mit hässlich öden
                                    Plagen,
manche stinken, reden Unsinn, stellen grässlich
                                    blöde Fragen.

Mein Sohn ist was Besonderes, teils da Vinci und
teils Buddha,
'ne Prise Shakespeare, etwas Clooney – na, bei
dem Vater und der Mutter.

Was meint ihr mit „verhätscheln" und was heißt
„getrübter Blick"?
Wenn ihr sagt, der Kleine beißt und nervt, sag' ich,
der übt Kritik.
Ihr meint, der schreit und spuckt und hat den Hund
entstellt?
Aus meiner Sicht teilt der sich mit – das Kind
entdeckt die Welt.

Nur so ne Frage

Du sagst, Du liebst mich – fast schon mantrisch,
und nennst Dich selber höchst romantisch,
doch was soll denn dann so was hier:
Ein Liebesbrief – auf Klopapier?

Ein Blumenstrauß wie Dornenkrone,
dann ein Paket, verpackt – doch ohne
Geschenk und mein' Geburtstags-Sex,
den hattest Du – mit Deinem Ex.

Tortenpaar

Ein Hochzeitstortenplastikpaar
thront strahlend auf der Torte.
Alles so schön, schon fast nicht wahr,
verliebte Blicke, schöne Worte.

Ein Hochzeitstortenpaar aus Plastik
steht irgendwo in einem Schrank.
Man küsst sich noch, doch wenn dann hastig,
statt schöner Worte meist nur Zank.

Noch später steht das Paar im Keller,
zwischen Kartons und Stapeln Zeitung.
Zerbrochene Träume, Herzen, Teller ...
Und ganz am Ende? Eine Scheidung.

Doch das Paar, das nicht vom Leben,
nein, von Chinesen zusammengeschweißt,
hält zusammen trotz all der Beben
und ist der ewigen Liebe Beweis.

Wolken

Ich gehe mit Johannes bei Nebel durch den Park und er fragt mich, ob der Nebel nicht vielleicht neidisch ist auf die Wolken oben am Himmel. Johannes ist fünf und ich passe immer gut auf, wenn er was sagt, weil ich was lernen könnte.

Damit *er* was lernt, will ich ihm vom Wasserkreislauf erzählen, vom Verdunsten, vom Regen und dass jeder Wassertropfen zu beidem werden kann, Nebel und Wolken. Aber da stoßen wir auf dem kleinen, aber steilen Berg im Park durch die graue Nebelsuppe, sehen die weißen Wolkenfetzen wild und majestätisch über den Horizont eilen, und da zucke ich nur mit den Schultern und sage, dass das ganz bestimmt so ist.

Stereo

Ich fand die Welt monoton,
du machst die Erde stereo.
Zwei Herzen schlagen einen Takt
und werden Schwerelos.
Du bist kein Stereotyp,
machst mich für immer monogam,
glaub mir: Wir Zwei boxen uns durch,
wer braucht schon Solokram?
Wir haben Höhen und Tiefen,
ich sprech von Liebe wie ein Lautsprecher,
Man fragt nach unsrer Wattzahl?
Kann man nicht ausrechnen.
Bei stereo kommt links und rechts
meist nicht das Gleiche raus,
und trotzdem hört man einen Song.
Ich weiß so bleibt es auch.
Ist nix mit monophon,
denn ich weiß dann passiert nix,
ich links die Box, sie rechts
und der Zweiklang addiert sich.
Wir drehen die Lautstärkeschieber
unsrer Seelen hoch,
und unsre Haut merkt es wieder:
Wir sind stereo schwerelos.

Spielgruppe

Ich habe nichts zugegeben und ich werde nichts zugeben. Ohnehin werden die Opferzahlen in den Medien meist völlig überhöht dargestellt. Aber ich greife voraus. Mein 20 Monate alter Sohn und ich betreten die vorschulpädagogische Einrichtung mit gutem Willen und bester Laune, als uns eine überdrehte ältere Frau in den Weg springt und mit einer Handpuppe bedroht:

„Hallooo! Ich bin die Gretel und wer bist du?", fistel-singsangt es unheimlich vom wasserleichenverfärbten Antlitz der Antikpuppe her, die wie ein Mahnmal für die oder eines der Opfer der Hiroshimabombe aussieht. Ich denke an „Shining" und „Chucky die Mörderpuppe", meine Nackenhaare stellen sich auf und mein Sohn tritt ihr instinktiv mit voller Wucht gegen das Schienbein. Die verwirrte Frau weint ein bisschen, stellt sich dann als Gundula, die Leiterin der Spielgruppe, vor und findet, dass mein Sohn sich entschuldigen soll. Allerdings nicht bei ihr. Bei der Puppe. Ich glaube an einen Witz, aber weil ich lache, muss auch ich mich bei der Puppe entschuldigen.

In der Vorstellungsrunde bin ich der einzige Mann. Als Gundula hört, was ich so mache, hofft sie lachend, dass ich keinen Text über sie und die Spielgruppe schreibe. Ich lüge. Elisabeth, Ex-Sprechstundenhilfe und Arztgattin, hat ihren Ernst nur für die Spielgruppe angemeldet, um die Zeit zwischen Quantenphysik für 2-Jährige und dem

Chinesischunterricht zu füllen. Sie muss sehr plötzlich aufhören anzugeben, weil ihr Wunderkind Bauklötze in Nasenlöchern und Rachen stecken hat und blau anläuft. Mein Sohn weist uns darauf hin, indem er wiederholt aufgeregt: „Schlumpf! Schlumpf!" schreit, weil er noch nicht weiß, wie die Farben heißen.

Der Leichenwagenfahrer und der Notarzt streiten noch kurz darüber, wer von den beiden Ernst mitnehmen darf, dann sitzen wir im Kreis und müssen singen. Ich kann Töne weder treffen noch halten, sage das auch und will nicht. Ich soll aber trotzdem. Also singe ich. Die Kinder beginnen sofort zu weinen, pressen verzweifelt Teddys an ihre Ohren und wippen monoton vor und zurück. Einige schlagen mit dem Kopf gegen die Wand. Gundula und die Mütter auch. Dann muss ich nicht mehr mitsingen und darf stattdessen das Tamburin schlagen, während die Spielgruppenleiterin mit einem indianischen Traumfänger durch den Raum wedelt, um ihn nach meinem Gesang von den bösen Geistern zu reinigen.

Beim Freien Spielen mache ich erst nur so ein bisschen beim Lego mit, dann habe ich aber eine echt coole Idee und baue eine Duplokopie des World Trade Centers. Angelika, Toms Mutter, behauptet, sie fände das geschmacklos, ist aber eigentlich nur sauer, dass ihr nicht genügend Duplo-Steine für ihre lebensgroße Robbie Williams-Aktskulptur bleiben. Sie ist ohnehin ein wenig gereizt, weil die selbstsüchtigen Kinder dauernd

Steine abhaben wollen, um auch was zu bauen. Wütend greift sie sich zwei Holzflugzeuge aus dem Spielzeugregal und lässt erst meinen Süd-, dann meinen Nordturm einstürzen. Als wir aufeinander zu stürzen und uns zu prügeln beginnen, gehen unsere Kinder erst mal eine rauchen. Zumindest wirkt es so, wie sie dort kopfschüttelnd in der Ecke stehen, hektisch an ihren Schnullern saugen und sie dann auf dem Boden austreten.

Wir werden getrennt und müssen in entgegengesetzten Ecken des Raumes mit dem Gesicht zur Wand stehen. Aus Rache singe ich beim Abschlusslied sehr laut mit, was zu einer Massenpanik führt, bei der es zahlreiche Opfer gibt. Drei Diddlmäuse, ein Teddybär und Gretel, die Handpuppe, können später auch vom Puppendoktor nicht reanimiert werden. Mein Fazit dieser Erfahrung: Die soziale Kompetenz muss sich noch entwickeln, vor allem unter den Eltern. Das mit der sprachlichen Kompetenz läuft aber gut, mein Sohn kann nach dem Besuch der Spielgruppe drei neue Schimpfwörter. Ich sogar fünf. Ich freu mich schon auf nächste Woche.

Fegefeuer – Tot sein II.

Ein Tunnel aus Licht, dann die Stimme meiner Großmutter. Ich bin also wirklich tot. „Halt die Fresse und steh grade, Fritz!", schreit sie meinen Großvater an und ich frage mich, wie das gehen soll, weil wir sind alle kopfüber an brennende Felswände gekettet und werden ausgepeitscht, und das hier kann nicht der Himmel sein, denke ich noch, das ist das Fegefeuer. Oma ist hier, weil sie eine zänkische, böse Frau war, die meinen Großvater ins Grab getrieben hatte, vor allem aber, weil sie in den 80er Jahren Helmut Kohl gewählt hatte. Opa ist hier wegen Zweiten Weltkrieg und so. Mich hat man ins Fegefeuer gesteckt, weil ich illegal Filme aus dem Internet runtergeladen und masturbiert habe. Irgendwann flammt es heißer und größer und wir zerfallen zu Asche. Es wird kurz dunkel und dann folgt die zweite Ebene des Fegefeuers: Die nächsten 400 Jahre muss ich mit meinen Großeltern Kaffee trinken. Oma gibt mir ständig Küsschen mit einem Mund aus verwesenden Hautlappen, der schon zu Lebzeiten etwas von einer haarigen Tarantel hatte, und Opa beschwert sich bei mir ohne Pause über die Jugend von heute, meint aber die von 1987, seinem Todesjahr. Dabei rappt er wie ein Old School MC:

YoYoYo Homeboy – willst du etwas wissen?
Die Jugend von heute ist total beschissen!

Oma küsst jetzt mit Zunge. Opa auch. Als beide sich vollständig entkleiden und beginnen Lambada zu tanzen, muss ich an Körperwelten denken. Ich schließe die Augen und springe in einen Krater voll Lava.

Als ich die Augen wieder öffne, lebe ich mit all meinen Exfreundinnen seit meinem 13. Lebensjahr in einer Einzimmerwohnung ohne Türen und Fenster. Gefühlte 500 Jahre werde ich kritisiert und gedemütigt. Auf Nachfrage, warum auch all meine Exfreundinnen im Fegefeuer sind, stellt sich heraus, dass es für sie nicht das Fegefeuer, sondern der Himmel ist. Meine Leiden steigern sich ins Unermessliche, als alle Exfreundinnen zeitgleich ihre Tage bekommen. Der Raum füllt sich mit meinen und ihren Tränen und wir alle ertrinken.

Ich komme wieder zu mir und stehe Helene Hegemann gegenüber, sonst sieht es recht klassisch höllisch aus: Feuer, Hautabziehen usw. Leider ist das nicht das Fegefeuer für Plagiatoren und andere geistige Diebe, nein, Helene Hegemann hat ihr eigenes Fegefeuer aufgemacht und dabei ganze Passagen aus den Offenbarungen des Johannes und Dantes Göttlicher Komödie geklaut. Ich erschlage das Literaturwunderkind mit den Originalen und die Ebene löst sich auf.

Das Finale schlägt hinsichtlich Leid und Grausamkeit alles Bisherige. Die letzte Ebene des Fegefeuers wird komplett vom ganz normalen Servicepersonal der Deutschen Bahn betrieben. Für viele keine Überraschung, ist doch der Schüttelreim von Mehdorn Dämon.

„Sehr verehrte Fahrgäste, derzeit haben wir wegen Störungen im Betriebsablauf etwa 2.000 Jahre Verspätung, die Toiletten sind verstopft, die Klimaanalage zieht Luft aus den Toiletten und im Hades ist unser Höllenhund zugestiegen, der sie in der ersten Klasse gerne auch am Platz zerfleischt ...“

Mit großer Verspätung komme ich im Himmel an, aber das ist eine andere Geschichte und soll ein anderes Mal erzählt werden ...

Pimp my bride

Ich hatte sie fast so weit. Verdammt, ich hatte sie schon fast so weit und dann hab ich es doch noch versaut. Natürlich war sie zu Anfang erst mal ein bisschen empört über meine Vorschläge. Was heißt Vorschläge, das waren ja alles nur Gedankenspiele. Sie hatte aber auch gleich so einen aggressiven Ton in der Stimme.

Was ich meinen würde mit „Update" und „sie zu effektivieren", und ob es das Wort „effektivieren" überhaupt gäbe? Aber sie wisse schon was damit gemeint sei: Fett absaugen und größere Titten.

Nein, das sei ja alles gar nicht so, niemand spreche von plastischer Chirurgie, versuchte ich zu beschwichtigen, und da habe ich einfach mal ein paar Vorschläge gemacht, was durch genetische Mutation alles so zu verbessern sei. Ich fing damit an, dass sie durch Kuhgene zwei weitere Brüste haben könnte, da fuhr sie schon hoch wie eine Furie, sie habe doch gewusst, worauf das Ganze abziele, dabei war das von mir sicherheitshalber für den Fall gedacht, dass wir mal Vierlinge bekommen. Um beim Thema Nachwuchs zu bleiben, stellte ich ihr in Aussicht sie mit Känguru-DNS zu kreuzen, so dass sie als Beuteltier, oder quasi Beutelmensch, eine bedeutend angenehmere Schwangerschaft durchleben würde, schließlich wachse das Kleine dann hauptsächlich außerhalb des Körpers heran, eben im Beutel und den könne sie, wenn sie nicht grade mit unseren Vierlingen schwanger sei, ja auch als Handtasche oder Portemonnaie verwenden.

Plötzlich horchte sie auf und schaute interessierter. „Oder man nimmt noch Insekten-DNS dazu, stell dir vor, du hättest sechs Gliedmaßen: ein paar Beine und vier Arme! Wie du shoppen könntest!" Jetzt blickte sie versonnen ins Leere, als würde sie es sich vorstellen – und sie lächelte dabei. Sie fällt selbst mit ein: „Und Spinnen-DNS, dann könnte ich auch acht Augen haben, zwei an jeder Seite, damit ich einen 360-Grad-Blick habe, beim Handtaschenkaufen beispielsweise, denn ich werde natürlich zwei Handtaschen brauchen bei vier Armen". Ich erwähnte darauf, dass sie doch den Beutel hätte und dass sie dann natürlich ein größeres Gehirn bräuchte, um die 360-Grad-Infos zu verarbeiten und um die vier Arme zu koordinieren. Zumal die vier Brüste sicher oft im Weg sein würden, was dazu führen würde, dass sie eine Art Wulst auf dem Kopf hätte, um Platz für das größere Gehirn zu haben. Als ich sagte, dass man sogar noch weitergehen könnte, um sie zu effektivieren, wenn sie nur ein Bein hätte zum Beispiel, denn dann würde sie auch beim Schuhkauf viel Geld sparen, da verfinsterte ihre Miene sich wieder und ich glaube, sie stellte sich in diesem Moment das erste Mal bildlich vor, wie sie aussehen würde mit nur einem Bein, dafür aber mit vier Brüsten, vier Armen, einem Kranz von Augen um den Kopf und darüber einem großen Hirnwulst.

Jetzt war sie wieder wütend: „Ach ja? Und wie bewege ich mich dann fort? Hüpfend? Und du würdest dann noch mit mir schlafen wollen, ja? So wie ich aussehen würde? Wie sollte das überhaupt noch technisch funktionieren?" – „Na ja, man könnte ja alles ein wenig kompakter arrangieren, alle Brüste an einem Punkt auf dem Rücken irgendwo und direkt daneben die Vagina. Dann hätte man doch alles, was man braucht, beisammen!"

Wir hatten dann auch ohne körperliche Updates sehr guten Sex, allerdings nicht miteinander, sondern mit unser'n neuen Partnern.

Noch ein Besuch einer alten Dame ...

Eine Tragödie in zwei Akten.

1. Akt

„Deine Mutter kommt zu Besuch!", empfängt mich meine Frau, als ich die Tür öffne und unsere Wohnung betrete. Ich versuche meine Frau zu unterstützen, bei ihrem plumpen, aber charmanten Versuch jünger zu wirken, durch den Gebrauch von Jugendsprache und antworte: „*Deine Mudda* kommt zu Besuch!" Leider stellt sich dann heraus, dass meine Mutter angerufen hatte und wirklich zu Besuch kommt.

Zwei Wochen später. Wir haben das Haus von außen in einer anderen Farbe gestrichen, ein Tarnnetz darüber gelegt, das Licht ausgemacht, die Luft angehalten und uns mucksmäuschenstill auf den Boden gelegt. Das Namensschild an der Klingel wurde ausgetauscht, so wie der Straßenname und das Ortsschild. Google Earth zeigt, dank eines befreundeten Hackers, an der Position unseres Hauses einen Bombenkrater in einem trockenen Flussbett bei Kunduz. Der Skinhead aus dem Erdgeschoss kennt meine Mutter, dank Photoshop und meinem Hinweis auf eine eigens eingerichtete Website als Golda Rubinstein, jüdische Erzbolschewistin und zionistische Weltverschwörerin. Trotzdem öffnet sich eine halbe Stunde vor ihrer angekündigten Ankunft wie von selbst unsere

Wohnungstür und meine Mutter betritt den Raum mit einem Mann vom Schlüsseldienst.

„Junge", sagt sie, „du siehst schlecht aus!", und schaut dabei tadelnd meine Frau an. Meine Mutter wuchtet ihr Gesäß zielsicher und schwungvoll auf eine Anrichte mit zerbrechlichen Erinnerungsstücken meiner Frau. Dann schnippst sie mit den Fingern in Richtung Koffer und blickt uns erwartungsvoll an. Den Koffer hat sie selbst in den 4. Stock getragen, jetzt aber steht er quer in der Tür und macht neben „schwer" denselben Eindruck, den alle allein gelassenen Gepäckstücke machen: bedrohlich. Ich bezahle den Mann vom Hells-Angels-Schlüsseldienst, da er ebenfalls schwer und bedrohlich wirkt, und schleppe den Koffer zu meiner Mutter, die plötzlich sehr gebrechlich wirkt. Als sie ihn öffnet, entweichen kreischend einige Geister und verdammte Seelen. Dann fängt sie an Geschenke zu verteilen. Ich bekomme DJ-Bobo-Bettwäsche. Warum ich so missmutig schauen würde? Die hätte ich doch unbedingt haben wollen. Mit 14. Ach, und auf einmal nicht mehr? Bei mir komme man einfach nicht mehr mit. Eben sei es noch dies, auf einmal das und das komme vom schlechten Einfluss meiner Frau, dass ich so undankbar geworden sei, *sie* habe mich *so* nicht erzogen. Dann schwenkt sie zu meiner Frau und schenkt ihr ein Lächeln, wie es der Kannibale von Rothenburg in der Bildzeitung trug:

„Das hier", sagt sie – und reicht meiner Frau eine Spülbürste, „ist eine Spülbürste. Man benutzt

121

sie, um Geschirr zu reinigen. Ich kann dir nachher zeigen, wie sie funktioniert. Genug zu tun gibt es ja."

Meine Frau geht schweigend in die Küche – dann raschelt und klappert es an dem Schrank, in dem wir unser Rattengift aufbewahren.

2. Akt

Noch mal drei Wochen später. Es sieht nicht nach einem Kurzbesuch aus. Meine Mutter hat sich so richtig bei uns eingerichtet und an unserer Tür ein neues Namensschild angebracht, das ganz klein den Namen meiner Frau und meinen trägt – und groß darüber den meiner Mutter. Sie hat sich dann aber trotzdem in meinem Namen mit dem Skinhead aus dem Erdgeschoss angelegt. Auf die Frage, wie lange sie noch bleiben wolle, reagiert sie, indem sie demonstrativ ihre Hörgeräte abschaltet, in Kiel ein Studium aufnimmt und sich eine Grabstelle auf dem Südfriedhof reservieren lässt. Aber es gibt auch Positives zu berichten. Seit sie heute zusammen einkaufen waren, sind sich meine Frau und meine Mutter endlich näher gekommen. Ich hatte noch Stubenarrest nachzuholen, für eine 5 in Mathe in der 6. Klasse, durfte also nicht mit. Als sie in der Abenddämmerung nach Hause kamen, haben sie beim Einparken den Skinhead aus dem Erdgeschoss tot gefahren. Sie legen einen völlig neuen Teamgeist an den Tag, als sie die Leiche in unserer Badewanne zerteilen und später in der Kieler Förde entsorgen. Mich nimmt die ganze Sache ziemlich mit, aber mein Vorschlag, zur Polizei zu gehen, wird übergangen. „Björn!", sagt meine Mutter mit einem Ausrufezeichen in der Stimme, „Weißt du noch, wie du mit 7 den Kratzer in Papas Mercedes gemacht hast?. Da haben wir doch auch alle dicht gehalten, das hab ich damals auf meine Kappe genommen und überhaupt – widersprich mir nicht." – „Genau! Hör auf deine Mutter", sagt meine Frau jetzt.

Zwischen den beiden läuft es immer besser. Als ich am nächsten Morgen die Küche betrete, sitzen sie verschwörerisch beisammen, trinken Tee und flüstern miteinander. Die letzten Gesprächsfetzen bekomme ich noch mit. Meine Frau wispert gepresst:

– „Ich glaube nicht, dass er den Druck aushält ..."

– „So was konnte er schon früher nicht",

antwortet meine Mutter. Als sie mich bemerken, verstummen sie und sehen sich ernst an. Aber bestimmt wird alles gut. Wir sind jetzt eine glückliche Familie. Heute machen wir einen Ausflug. Zur alten Kiesgrube. „Lustiger Ort für einen Ausflug", sag ich noch. „Aber wir wollen ja auch Schießübungen machen", sagt meine Frau. „Deshalb haben wir auch Opas Pistole aus Stalingrad dabei", sagt Mama. Sie hat mein Lieblingsessen gekocht, meine Frau trägt das Kleid, dass ich so mag, und alle sind sehr nett zu mir. Alles wird gut. Wir sind eine glückliche Familie.

Noch ein eingebildeter Kranker

Wir hatten den Großvater nicht mit ins nahegelegene Spaßbad genommen, um ihn für seine undeutliche Aussprache seit dem Schlaganfall zu bestrafen. Als wir nach Hause kamen, fanden wir Opa nackt, starr und reglos vor dem Fernseher, auf dem Bildschirm lief noch ein schlüpfriger Film. Das war an sich nicht ungewöhnlich für den alten Herrn, aber das Ausbleiben jeder Reaktion und natürlich von Atmung und Herzschlag beunruhigte uns dann doch so sehr, dass wir gleich zwei Tage später einen Arzt riefen.

Der Zustand von Opa sei sehr wahrscheinlich nur Hypochondrie, im schlimmsten Falle und wenn überhaupt was Psychosomatisches, so der Notarzt, und er wolle sich das Ganze in drei Wochen noch einmal ansehen. Für die Zwischenzeit verschrieb er Opa Zäpfchen. Morgens, mittags, abends.

Als Opa nach zwei Wochen zunehmend roch und die Zäpfchen, die wir ihm pflichtbewusst eingeführt hatten, schon wieder aus Mund und Nase quollen, rief Mutter den Doktor an, um ihm mitzuteilen, dass sich der Zustand nicht bessere. Sie schämte sich schon ein wenig, den Arzt mit unserem Großvater zu belästigen, der ja offensichtlich nur tot spielte. Der Arzt erschien dann auch prompt vier Tage später, ein wenig genervt, aber in Begleitung eines Psychologen, der sich den Fall einmal ansehen sollte. Der Psychologe bescheinigte Opa zwar auch gleich eine gewisse Apathie, beruhigte uns aber und sagte, dass das bei alten Leuten häufig so sei, dass sie ein wenig verstockt werden, das sei auf eine altersbedingte Boshaftigkeit zurückzuführen. Die Hypochondrie aber sei gewiss; es gehe dabei um ein krankhaftes Aufmerksamkeitsbedürfnis.

Wir waren natürlich erleichtert, dass der Opa nichts Ernstes hatte, aber weil wir schon ein wenig wütend auf ihn waren, dass er uns so einen Schreck eingejagt hatte, straften wir ihn fortan mit noch weniger Aufmerksamkeit. Den Rest erledigten die Maden.

Grußwort an meinen Sohn

Willkomm' mein Sohn in dieser Welt – nein, eine
                          Bessere gibt's nicht,
die war schon so zu meiner Zeit um
                          Neunzehn-Fünfundsiebzig.
Und bleibt so, wie sie immer schon – auch anno
                          Zwanzig-Sieben,
die Menschheit war seit je ein Arsch – und ist es
                          auch geblieben.

Weihnachten

– „Weißt du, was mit dem Kind los ist?"

– „Keine Ahnung, der Junge ist schon seit dem Kindergarten so komisch. Wieso, was macht er denn jetzt?"

– „Ich weiß auch nicht. Nichts! Er will die Krippe nicht aufbauen, und ich glaub fast, er hat Angst vor dem Weihnachtsbaum. Er will ihn nicht schmücken, aber er sagt nicht wieso."

– „Sonst mag er das doch so! Versteh' einer das Kind ..."

Ich weiß Bescheid. Aber ich darf nix verraten. Ole hat's mir gesagt, und der kennt sich aus. Von Ole weiß ich auch, dass die Kinder nicht der Klapperstorch bringt, sondern dass man die Kinder aus den Opas und Omas macht, die gestorben sind. Er sagt, das heißt Rizeitling. Nee, Ole weiß, wie der Hase läuft. Er ist schon 6, aber er ist noch nich' in der Schule. Ole sagt, das ist, weil er zu viel weiß. So wie die Sache mit dem Baum. Ole sagt, dass etwas Schreckliches dahinter lauern würde. Wenn die Erwachsenen über Ole reden, sagen sie Sachen wie „verhaltensfällig" und dass er „hüperatif" sei. Zum Spielen darf man ihn auch nicht einladen. Weiß nicht wieso, eigentlich hat Ole immer lustige Ideen.

Heute Morgen, beim Frühstück im Kindergarten, hat er mich in das Geheimnis eingeweiht. Der Weihnachtsmann hat einen bösen Bruder, so wie bei Robin Hood, mit Richard Löwenherz und Prinz

John. An Weihnachten schleicht er oft in die Werkstatt seines Bruders und tauscht alle Wunschzettel, mit den Wünschen von allen Menschen, gegen Wunschzettel mit echt doofen Geschenken aus. Und manchmal, wenn er es nicht schafft, alle auszutauschen, dann schleicht er sich in der Nacht vor Heiligabend zu denen nach Hause, wo er in der Eile den Zettel nicht vertauschen konnte. Da lauert er dann, unsichtbar, hinter dem Weihnachtsbaum, bis alle schlafen, und tauscht persönlich Gameboys gegen Wollsocken, Sportwagen gegen hässliche Krawatten und teuren Schmuck gegen einen Lockenstab. Deshalb bekommt man auch fast nie das, was man sich eigentlich gewünscht hatte. Sagt Ole. Und wenn man zu nah an den Weihnachtsbaum geht, dann steckt einen der böse Bruder vom Weihnachtsmann in seinen Sack und zündet den Baum an. Die Kinder aus dem Sack verwandelt er in Schneemänner, die in der Wohnung schmelzen und nichts als einen Fleck Wasser hinterlassen. Nee, ab diesem Jahr halt ich mich fern vom Weihnachtsbaum.

Ein Streit

Es ist noch früher Nachmittag
und unsre Zungen schlagen
sich auf verschlungenen Pfaden,
sie stellt mir hunderte Fragen:
Es geht um unser Versagen,
all die Wunden und Narben.
Sie soll ma' runterkomm'
Hab ich ihr schon vor Stunden geraten.
Ich kann nicht aufhören,
meiner Lunge zu schaden
und rauch und rauch und rauche weiter
trotz des Grummelns im Magen.
Hatt ich wirklich noch gedacht
ich könnte Wunder erwarten?
Und warum häng ich so an ihr
Wie eine Flunder am Haken?
Ihr fällt ein, dass ich ein Schwein sei
Und sie im Grunde verarsche,
ich geb noch einmal Konter
ich will noch eine Runde wagen
Im Streit vergeht der Späte Nachmittag
Es dunkelt der Abend.
Ich mach uns heller als Licht
Und red uns bunter als Farben.
Ich entblöße meine Seele,
als würd ich Kunden erwarten.
Sie prüft wo mein Gürtel hängt
Um drunter zu schlagen

Ich hab es munter ertragen
wie hundert Pfunde auf Waagen
Und dann gesagt ich geh aufs Klo,
doch bin verschwunden im Garten.

Die Liebe in Zeiten des Konjunktivs

„Hallo, du, ich hab dich von da drüben aus gesehen und ich finde, du siehst echt toll aus, irgendwie intelligent – und ein wenig geheimnisvoll. Du bist genau mein Typ, und da wollte ich einfach mal rüberkommen und dich fragen: Glaubst du ernsthaft, ich lass mich von dir fertig machen? Vergiss es, das wird nichts mit uns beiden! Du durchgeknalltes Miststück!"

Sie schaut irritiert hoch, so wie der Typ neben ihr. Vielleicht ihr Freund?

„Wie bitte?", fragt sie, aufrichtig verstört, und: „Kennen wir uns?"

„Nu tu nicht so naiv, du weißt doch genau, wie es laufen würde. Vielleicht würden wir zufällig im selben Club tanzen, uns in die Augen sehen – und dann beide bemerken: Da ist was mit uns beiden. Irgendwann würden wir uns, zunächst unter einem fadenscheinigen Vorwand, unterhalten. So was wie: „Hey weißt du, von wem das Stück grade ist?", oder „Kennen wir uns nicht aus der Uni?" Aber irgendwann würden wir alles um uns vergessen, der Raum würde verblassen und es würde nur noch uns zwei geben und dann würden wir zu dir, weil bei mir der Strom wieder nicht geht, oder zu mir, weil deine Mitbewohnerin eine Gangbangparty veranstaltet. Die Nacht hätte uns synchronisiert, ja, hätte uns zu einer neuen Einheit gemacht und am nächsten Morgen wären wir bereit, ein Leben zusammen zu führen. Ein halbes oder ein ganzes Jahr voll der Seligkeit und der Zufriedenheit läge vor uns, in dem wir uns Tag für Tag immer noch ein kleines bisschen mehr lieben würden, bis du irgendwann nur noch am Nörgeln wärst und mir eines Tages erklärst, dass du nicht mehr erträgst, wie ich mit der Klobürste den Herd reinige und einige weitere Kleinigkeiten. Dann würde der Sex immer seltener und ich hätte schon eine Weile bemerkt, dass du morgens nicht nur so aussiehst wie eine aufgedunsene Wasserleichenversion deiner selbst, sondern dass dein Atem auch so riecht. Schon da würden wir uns fragen, ob es nicht besser wäre, wieder alleine zu sein!"

Ihr Freund hebt den Zeigefinger und erstarrt in einem verstörten „Äh?!", als in ihren Augen plötzlich etwas hochfährt wie ein Betriebssystem. Jetzt platzt es aus ihr heraus:

„Warte mal, natürlich! Du hast Recht!"

Ihre Stimme bebt wütend:

„Ja, so würde es laufen. Aber meine Mutter hätte mich vor dir gewarnt, auf den Typ fall ich ja immer rein: Erst wärst du total sensibel, treu und hilfsbereit und irgendwann wären all die Zeichen meiner Liebe zu regulären Dienstleistungen verkommen. Du hättest keinen Finger mehr krumm gemacht, wie ein Schwein gehaust und meine Geburtstage vergessen! Was ich anfangs für Kreativität und Charme gehalten hätte, wären nur Zeichen dafür, dass du nie erwachsen wirst und dass du nicht nur dein Leben verpfuschen würdest, sondern auch meines!"

„Hab ich's doch gewusst. So was müsste ja kommen. Das würdest du mir ja täglich aufs Brot schmieren. Meine Lebensunfähigkeit. Und sobald ich auch nur ein Mal später vom Feiern käme, würdest du dein wahres Gesicht zeigen und zur eifersüchtigen Furie werden. Spätestens da wüsste ich aber endlich, dass an dir nichts Geheimnisvolles ist, sondern dass du einfach nur verrückt bist!"

Ihr Freund ist immer noch in der selben Starre, mit dem debilen „Äh?!"-Mund und dem erhobenen Zeigefinger, aber sie schaut mich auf einmal ernst und ganz traurig an. Sie hat eine Träne auf der Wange und sagt:

„Und dann würden wir uns schlimme Dinge sagen, Dinge, die so verletzend wären, weil sie nur jemand weiß, den man liebt oder den man mal geliebt hat. Und wir würden uns trennen und uns nicht mehr sehen, nur noch das eine Mal um auszutauschen, was man in der Wohnung des anderen hatte. Ein halbes Jahr später träfe man sich zufällig in der Fußgängerzone oder in einem Café und man wüsste nicht, worüber man sich unterhalten soll – obwohl es noch so viel zu sagen gäbe, und ich würde dich ansehen und mich erinnern, warum ich dich so geliebt hätte. Und dann würde ich dich vermissen und mir wünschen, wir wären wieder zusammen!"

„Mir würde es genauso gehen", sage ich und auch ich weine jetzt und sehe ihr tief in die Augen. Sie steht auf, sagt: „Komm, wir gehen", nimmt

meine Hand und ihr Freund bleibt verlassen zurück.

Lena

Alles zum ersten Mal erleben, in der unschuldig-arroganten Gewissheit, die Welt an sich werde zum ersten Mal überhaupt entdeckt. Von dieser Generation. Immer von *dieser* Generation. Deshalb erscheint auch alles, was geschieht, so wichtig, so groß und existentiell. Fällt dann manchmal schwer, die Relationen der Ereignisse abzuschätzen. Auch deshalb muss ich so oft an den letzten Abend denken, als ich mit Lena auf der Brücke über dem See saß. Klingt romantisch. War es irgendwie auch, nur war das keine zierliche Sommernachtstraum-Steinbrücke, die mit venezianischem Charme über einen Monet-Seerosenteich führt, sondern eine graue, 70 Meter hohe Betonbrücke, die einer Bundesstraße bei Überlingen über eine Schlucht oberhalb des Bodensees hilft. Man kann genau in der Mitte, hinter der Balustrade, auf einem tiefergelegenen Vorsprung sitzen, raus auf den See und die Sterne schauen, darunter 70 Meter Beschleunigung bis zum Asphalt der unterliegenden Straße, während Autos als Lichteffekte im Rücken über die Brücke und durch die Nacht schwirren.

Meine Erinnerung an den Abend setzt immer in dem Moment ein, als sie sagt:

„Ich wäre gern' irgendwann, irgendwo", und ich hab noch vor Augen, wie sie den Kopf dann schräg auf ihre gekreuzten Arme und die angewinkelten Beine legt, verträumt schaut und wie ich mich noch gefragt habe, ob Frauen zuhause üben süß auszusehen. Aber ich frage sie nicht, ob das so ist, sondern was sie damit genau meint, mit diesem irgendwann, irgendwo.

Sie sagte, irgendwann und irgendwo seien das genaue Gegenteil von jetzt und hier. Ich war 16 und sie 14, fast 15 Jahre alt und schon das ist nicht immer leicht. Lena hatte eine wirklich schöne Kindheit gehabt, aber ihre Eltern hatten sich scheiden lassen. Jetzt lebte sie bei ihrem Vater, einem wohlhabenden Arzt mit neuer Freundin, die er aus dem Tennisverein kannte und die sie hasste. Offiziell war sie seit der Scheidung „unkonzenztriert und widerspenstig", wie es der Schulpsychologe ihrem Vater gegenüber verkaufte und insgesamt wünschte sie sich zurück in die Kindheit, um deren Verheißungen sie sich durch die gegenwärtige Situation betrogen sah. Alles, was sie zu haben glaubte, waren ihre Freunde – und so was ist in der Pubertät dünnes Eis.

Wir sitzen also da oben, trinken ein 50:50-Gemisch von Rotwein und Cola, weil es noch keine Alcopops gibt, und wir reden über Gott und die Welt und sie sagt, dass sie den Buddhismus gut findet, weil der wenigstens klipp und klar sagt, dass alles Sein Leiden ist und dass das einzige Ziel, das ein Mensch haben sollte, sei, aus dieser Seinsform zu entfliehen und das „Ich" aufzulösen. Sie redet überhaupt mehr als sonst, kotzt sich aus über die Schule und ihren Vater, seine Freundin, über Christian, den sie toll findet, aber der scheinbar entweder schwul oder asexuell ist, weil er nicht auf ihre Avancen reagiert, und zwischendurch steht sie auf, um sich ganz nah an die Kante zu stellen und in langen klebrigen Fäden herunterzuspucken, von oben herab, auf die Welt und die Autos, die unter der Brücke durchfahren. Ich höre die meiste Zeit eigentlich nur zu, kommentiere höchstens mal zustimmend oder ablehnend. Dann setzt sie sich wieder, lehnt sich fest mit dem Rücken gegen die Wand unter der Balustrade und schließt die Augen, als hinter uns ein Lastwagen mit Anhänger vorbeidonnert. Lena liebte es, die Brücke vibrieren zu spüren und mit ihr zu schwingen.

Am nächsten Tag war ihr fünfzehnter Geburtstag. Abends waren eine Menge Leute bei ihr, um zu feiern. Ich fand die Party nach einer Weile ziemlich langweilig, nahm unauffällig meine Sachen und ging, mit einem Umweg über die Tankstelle, wo ich noch ein Sixpack Bier kaufte, hoch zur Brücke. Dort betrank ich mich eine gute Stunde, starrte in die Sterne, bemitleidete mich selbst aus den verschiedensten Gründen und trampte dann irgendwann von der nächsten Auffahrt aus nach Hause.

Das Nächste, was ich von Lena hörte war, dass sie noch in derselben Nacht von der Brücke gesprungen war. Ermittelter Todeszeitpunkt: eine halbe Stunde, nachdem mich ein depressiver Mantafahrer nach Hause gebracht hatte. Sie war kurz nach dem Ende der Party heimlich aus dem Haus geschlichen, hoch zur Brücke gegangen und von unserer Plattform hinter der Balustrade gesprungen. Ein Pendler fand ihren zerschmetterten Körper morgens darauf auf dem Gehsteig neben der kleinen Straße, die unter der Brücke hindurchführt. Es gab keinen Abschiedsbrief und keinen wirklichen Grund, wie die lokalen Zeitungen herausfanden. Es war ja nicht so, dass man sie misshandelt hätte, vor allem nicht körperlich – und seelisch nicht mehr als jeden anderen Pubertierenden. Sie war auch weiß Gott keine von diesen „Wenn-du-Schluss-machst-bring-ich-mich-um-Mädels", die das bei jeder Gelegenheit drohen. Und trotzdem hat sie es getan.

Zwei Jahre später ertappte ich mich noch mal dabei, wie ich die Gravitationslehre im Physikunterricht anwandte, um auszurechnen, wie lange Lenas Fall wohl gedauert hatte, was nicht besonders schwer ist, weil es für die Berechnung der Zeit keine wirkliche Rolle spielt, was für ein Körper da fällt ... Es ist auf jeden Fall ganz schön lange, vor allem, wenn man die Augen schließt und im Geist mit herunterzählt. Lange genug, um mittendrin, auf halber Strecke, noch zu denken: „Scheiße, ich will doch leben!" Ich hoffe, Lena war sich wenigstens bis ganz unten sicher.

Niedlich, aber macht Arbeit

Wir haben uns jetzt auch so einen kleinen Menschen gezüchtet, genauer gesagt hat meine Frau ihn ausgebrütet. Die Menschenhaltung ist ein schönes Hobby. Wir ziehen das Menschenjunge fachgerecht auf, dressieren es und werden es in die Menschenschule schicken, wenn es alt genug dafür ist. Derzeit halten wir es tagsüber meist in einer Art Holzkäfig im Wohnzimmer, abends sperren wir es in einem Gitterbett ein. Leider ist es noch nicht stubenrein, aber das ist bei der Art in dem Alter ja normal. Auch die Menschendressur gestaltet sich langwierig und erfordert viel Geduld. Die erste Zeit haben wir es mit der Nase in seine Hinterlassenschaften gerieben, das zeigte aber keinen Erfolg und so waren wir glücklich, im Fachhandel für Menschenwelpenbedarf zu entdecken, dass es dafür eine Lösung namens „Windeln" gibt. So richtig gut sortiert war der Laden aber nicht, Maulkörbe hatten sie keine da.

Milch ist das Pipi von Kühen

Warum mein Sohn keine Milch mehr trinkt? Da muss ich ausholen. Einmal am Tag gehe ich ins Wohnzimmer und schreie die Sessel an. Ein Sessel muss wissen, wo sein Platz im Rudel ist, erkläre ich meinem kleinen Sohn. Die Couch sei im sozialen Gefüge der Wohnung das dominante Sitzmöbel, der Alpha-Sessel. Dann erzähle ich meinem Sohn die Geschichte, wie seine Mutter und ich vor vielen Jahren zusammen mit etwa 20 der härtesten Couchboys jenseits von Möbel Kraft in Westschweden unterwegs waren, um Wildmöbel zu fangen, dort, wo auch die Leute von Ikea auf die Jagd gehen, und wie wir die Möbel gezähmt haben. Das erzähle ich ihm nicht, weil ich gerne lüge, das wäre nur ein Teil der Wahrheit, vielmehr wünsche ich mir, dass mein Kind langfristig in einer Welt der Wunder aufwächst, einer Welt, in der nichts unmöglich scheint: Im Geschirrspüler leben kleine Abwaschgnome und Windräder produzieren gar keinen Strom, im Gegenteil, man pumpt Unmengen Energie rein, damit sich die Propeller drehen und die Erdrotation am Laufen halten. Erdbeben sind planetarer Schluckauf, Wind entsteht dadurch, dass Bäume wedeln. Und so lüge und lüge ich weiter, denn wenn ich ihm die Wahrheit sagen würde, müsste ich ihm die ganze Wahrheit sagen. Dass andere Kinder Soldaten sein müssen, Huren oder einfach nachwachsender Rohstoff für Fabriken, in denen Produkte für bessere, wertvolle Menschen in der Ersten Welt hergestellt werden. Ich müsste ihm sagen, dass ein großer Teil der Menschheit aus Arschlöchern besteht. Linke Arschlöcher und rechte, islamische, christliche, jüdische, atheistische und haufenweise Arschlöcher bei den Scientologen. Unmoralische Arschlöcher und moralische Arschlöcher, die einem erzählen, dass man Kindern aber doch die Wahrheit sagen soll. Scheiß auf die Wahrheit, stattdessen sollten wir alle Kinder anlügen. Wir sollten ihnen erzählen, dass jeder Mensch gleich viel wert ist und das gleiche Recht darauf hat, in Sicherheit und Frieden zu leben und glücklich zu sein, egal, wie lächerlich das klingt. Dass es egal ist, woran ein Mensch glaubt, solange er sich anständig verhält. Dass alle Menschen einfach nur lieb gehabt werden wollen. Wenn wir alle Kinder belügen, dann gibt es vielleicht irgendwann eine komplette Generation von Menschen auf diesem Planeten, die daran glaubt und sich auch so verhält. Eine Welt voll guter Menschen mit einer sehr schrägen Vorstellung davon, wie die Welt funktioniert. Und deswegen habe ich meinem Sohn auch erzählt, dass Milch das Pipi von Kühen ist.

Was bleibt …

Was von uns bleibt? Nichts als ein Haufen von
                                        Asche,
drauf ein Windstoß plus Regen. Eine laufende
                                        Masche.
Eine Blase aus Seife, direkt nach dem Knall,
eine Vase aus Meißen, direkt nach dem Fall.

Das Land in der Flut, das Wasser der Ebbe,
so viel wie die letzte Stufe der Treppe.
Selbst vom Schall bleibt bloß Echo, vom Rauch
                                        nur Gestank
und was danach noch übrig ist, kommt in den
                                        Schrank.

Ein letztes Zusammen, beide ganz aufgelöst,
dann haben die Scherben sich ganz aufgelöst.
Das verstorbene „Wir" geht jetzt endlich ins Licht
und falls etwas bleibt, ist es nur dies Gedicht.

Postkarte

Ich schau in den Briefkasten und da liegt eine Post-
karte von meinem Opa. Die Karte hatte Verspätung, weil sie hinter einen Schrank gerutscht war.
Sie ist auch gar nicht wirklich für mich, sondern an
meine Oma adressiert. Mein Großvater schreibt
aus Russland – und dass es bald Winter würde,
aber die Sache werde sich schnell erledigt haben
und man müsse praktisch nur noch an einem Ort
namens „Stalingrad" vorbei und schon stünde man
mitten in Moskau. Er schien so euphorisch und
überzeugt von dem Ganzen, dass ich auch schon
denke, „Mensch, da wäre ich gern dabei", und ich
greife zum Stift, um ihm zu antworten und Glück
zu wünschen, da halte ich noch mal kurz inne. Ich
glaub, ich schau eben noch mal nach, wie die Sache ausgegangen ist.

Rückstoß

Die Vergangenheit, das ist ein Sumpfgebiet. Ich erinnere mich nicht mal mehr genau, wer eigentlich wann, wen schlug. Ich erinnere mich nur an Gewalt. Dass flache Hände und geballte Fäuste flogen. Und Tritte. Nicht als Alltag. Nicht oft. Immer als Eskalation von etwas, das mein Bruder und ich nicht verstanden. Heute weiß ich, dass es wohl aus Hilflosigkeit geschah. Und trotzdem fühlt es sich immer noch nicht richtig an. Eher wie Unrecht – und ungerecht.

Wir wurden sicher nicht oft und auch nicht heftig geschlagen – im Vergleich zu dem, was ihr von euren Eltern erfahren habt. Aber es war zu oft und es war zu heftig im Vergleich zu dem, wie man einem Kind begegnen darf: souverän. Und ich verstehe immer noch nicht, wie man so etwas Zerbrechlichem weh tun kann, in Ausnutzung der körperlichen Überlegenheit, nicht der geistigen – und dann noch zu meinen, man habe Respekt verdient.

Und deshalb, Vater, liebe Mutter, sitzt ihr hier gefesselt und geknebelt in einer Badewanne voll Benzin – und ja, das ist ein brennendes Streichholz in meiner Hand …

Als mein Vater den Tod bestahl ...

Ich war sechs oder sieben Jahre alt, da rutschte mein Großvater in Norwegen auf einem vereisten Gehweg aus und brach sich den altersmorschen Oberschenkel. Das war in den letzten kalten Tagen des Frühjahres und während er im Krankenhaus der Genesung harrte, zog sich die Welt draußen langsam schon wieder das Sommerkleid an. Mein Großvater, „Bestevar", wie es im Norwegischen heißt, war kein Mann, der jammerte, wenn es um seinen Körper ging, und so beschwerte er sich nicht. Nicht über sein Missgeschick und auch nicht, als der Gips im Krankenhaus zu eng angelegt wurde. Als seine Zehen die Farbe vergammelter Bananen annahmen – und amputiert werden mussten –, nahm er es hin mit der Duldsamkeit der Weltkriegsgeneration. Was sind schon ein paar Zehen? Die Ärzte hatten nicht besonders sorgfältig gearbeitet und so begann auch der restliche Fuß zu faulen. Mit der Amputation des linken Fußes sank seine Motivation dann doch und fünf weitere Operationen später hatten sie Bestevar das Bein oberhalb des Knies und den Lebensmut unterhalb des Herzens abgenommen.

Er war Vorarbeiter der Schweißer und Nieter in einer Werft gewesen, er hatte eine eigene Tankstelle gehabt und er besaß in den Dreißigerjahren einen von zwei Lancia-Beta-Sportwagen in Norwegen. Dieser Lancia war ihm wichtig. Er hatte den Wagen Ende der Zwanzigerjahre nur deshalb gekauft, weil ihn ein reicher Mann aus Oslo herablassend behandelt hatte. Bestevar hatte gutes Geld verdient, als er Lastwagen über die gefährlichen Bergstraßen Norwegens gefahren hatte, wo in mehr als einer Kurve Reifen frei über Abgründen drehten. Dann entdeckte er vor dem teuersten Hotel Oslos den Lancia. Er hatte ihn neugierig betrachtet und sich ein wenig in den Wagen verliebt, als der Besitzer erschien und ihn davonscheuchen wollte. Bestevar wurde zornig und fragte, was der Wagen kosten solle. Der Herr nannte ihm den Preis, in der festen Annahme, dass ein Mann wie mein Großvater sich solch ein Auto nicht würde leisten können. Bestevar kaufte ihm dort, an Ort und Stelle, den Wagen ab. Ein bisschen weil er ihn wirklich mochte, aber hauptsächlich, weil dieser Mann da dachte, dass er sich so etwas nicht leisten könne. Er war ein Mann, der mit dem Fuß aufstampfte, wenn ihm etwas nicht passte, ja, wenn es um seine Ehre ging. Einer, der mit beiden Beinen fest auf dem Boden stand. Aber genau das war auf einmal nicht mehr möglich.

Meine Tante, die Schwester meines Vaters, freundete sich schnell mit der Situation an. Sie ersann Näh- und Hobbyraum-Pläne für die Zimmer ihres Vaters, sie rief zunächst einmal den Pfarrer wegen der Auswahl der Grabrede, den Blumenladen wegen Kostenvoranschlägen für Kränze und dann irgendwann meinen Vater an, um ihm zu sagen, dass sein Vater nur noch wenige Tage zu leben habe. Dabei ist meine Tante Thorveigh kein schlechter Mensch. Eher pragmatisch veranlagt.

Mein Bruder und ich erhielten Sonderurlaub von der Schule, um Abschied zu nehmen von unserem sterbenden Großvater, und ehe wir begriffen, was eigentlich los war, fuhren wir nach Norwegen und standen vor dem Haus meiner Tante. Beim Abendessen schimpfte sie mit meinem Vater, da er weder einen dunklen Anzug für die sicherlich bevorstehende Beerdigung eingepackt hatte noch große Begeisterung zeigte, Einladungskarten für das Begräbnis seines Vater auszuwählen, der ja nur wenige Kilometer entfernt im Krankenhaus lag – und doch noch immer atmete.

Als wir am nächsten Morgen zum Krankenhaus aufbrachen, war Thorveigh bereits beim Kochen und Einfrieren für den Leichenschmaus. Wir fuhren entlang der Landstraße, die Bestevar mir noch im letzten Sommer gezeigt hatte. Dort, wo noch immer die Strommasten standen, die er 1954 mit seinen eigenen Händen errichtet hatte. Weiter, entlang am Meer, wo die alte Werft stand, in der er mit 15 seinen ersten Job hatte und immer weiter, bis zu einem Krankenhaus, dass so aussah wie auch bei uns die Krankenhäuser aussahen. Auf der Station fanden wir meinen Großvater nicht. Zumindest nicht den Mann, der mir gezeigt hatte, wie man die geangelten Fische tötet. Nicht den bisweilen jähzornigen Mann, vor dem sogar mein Vater immer noch ein bisschen Angst gehabt hatte. Mein Großvater hatte sich wie eine Schlange gehäutet und wir trafen nur den zurückgebliebenen Rest an. Ich sah meinen Vater zum ersten Mal in meinem Leben mit Tränen in den Augen und dann verließen meine Mutter, mein Bruder und ich den Raum. Bald danach stürmte mein Vater wieder heraus, den Gang runter, kam mit einem Rollstuhl wieder und eilte zurück in das Krankenzimmer. Er schob Bestevar im hinten offenen Papier-Krankenhemd heraus und sagte:

„Los! Alle zum Auto. Mein Vater will das Meer sehen."

Das war ein Moment, in dem sogar mein Bruder und ich kapierten, dass wir besser die Klappe halten und tun, was man uns sagt. Wir spürten, dass da etwas in Gange war, das von Bedeutung war, dass es um Leben und Tod ging.

Bestevar saß vorne auf dem Beifahrersitz, neben meinem Vater, legte den Kopf etwas zur Seite und zurück an die Scheibe. Er sah in den Himmel und schloss die Augen, als die Sonne durch Wolkenberge brach, während die Schatten der Strommasten flackernd über sein Gesicht huschten. Weiter, vorbei an der alten Werft, vorbei an einem ganzen Leben und immer weiter, raus zu den Schäreninseln, an die offene See. Dort saßen wir auf Decken am Meer und picknickten. Mein Vater und der alte Mann hatten sich ein wenig abseits niedergelassen, jeder mit einem Bier in der einen, Smörebrod in der anderen Hand und sie redeten. Erst nur mein Vater, aber dann auch immer mehr Bestevar. Nach einer ganzen Weile kamen sie zurück zu uns, und da hatte der Mensch, den mein Vater da trug, schon wieder etwas Gewicht und Substanz. Es war Glut in seinen Augen und man sah, dass er noch nicht abgeschlossen hatte mit dem Leben.

Als wir etwas später zurück fuhren, spürten alle im Auto, wie die Glut wieder erkaltete, mit jedem Meter, den wir uns dem Krankenhaus näherten. Mein Vater hatte erneut Wasser in den Augen bei der Vorstellung, seinen Vater in diesem Linoleum-Vorhof der Hölle zum Sterben abzuladen. Auf dem Parkplatz vor dem Krankenhaus sagte Bestevar dann mit aller Bestimmtheit, die er noch zusammenbrachte:

„Ich kann da nicht wieder rein."
Und:
„Bringt mich nach Hause, bitte!"

Meine Mutter packte seine wenigen Habseligkeiten zusammen, während mein Vater, unter protestierendem Gezeter der Krankenschwester, eine Erklärung unterschrieb, dass er die volle Verantwortung für die Entlassung des Todgeweihten übernähme. Triumph war in Bestevars Augen, als wir ihn die Gänge entlang und vorbei an Schwestern und Ärzten nach draußen schoben. Ein Triumph, als habe er mit diesen Ärzten um sein Leben gekämpft und als habe er diesen Kampf gewonnen. Zuhause angekommen überraschten wir Tante Thorveigh beim Ausräumen der Zimmer und als sie wieder Kontrolle über ihre Mimik hatte, fauchte sie meinen Vater an:

„Du machst meine ganze Planung kaputt!"

Meine Tante hat meinem Vater nie verziehen, dass Bestevar die Dreistigkeit besaß, noch 12 weitere Jahre zu leben.

Liebesgedicht eines Mittelmäßigen

Ich bin nicht stark wie Tali Klitschko,
mir fehlt die Spannung Alfred Hitchcocks,
ich werde später kein Geschichtsstoff,
ich bin ein Lappen – fast schon Wischmob.
Ich bin nicht reich, ich hab'n Mistjob.
Bin auch nicht heilig wie ein Bischof,
und stresst mich das? Ich sag mal nicht doch,
denn ich hab dich noch!

Liebesgedicht eines stillen Verehrers

Nächtens saß ich, dachte deiner,
denn tat ich's nächtens, lachte keiner.
Ich steh, auch wenn ich sachte weine,
fest zu dir, wie die Wacht am Rheine.
Dachte: Sei mein und mach mich deiner!
Ich tat's vergebens – Nacht im Eimer.

Liebesgedicht eines Wortkargen

... Du!

Liebesgedicht eines Voyeurs

Hmmhähä – ja – hmmnh

Liebesgedicht eines Ambivalenten

Nicht, dass ich das jetzt unterschriebe,
ein kleiner Zweifel hindert mich:
Das kann schon sein, dass ich dich liebe,
ich sagte: Kann – muss aber nicht.

Liebesgedicht eines Verarmten

Bin ohne iPhone, ohne iPod,
hab nicht mal Eigelb und bin weiß Gott
so arm – selbst in der Dritten Welt,
spendet man mir für Essen Geld.
Hab ich mal Knete, wird sie flüchtig,
mein Portemonnaie ist magersüchtig.
Doch bin ich reicher als die meisten,
ich kann mir deine Liebe leisten.

Liebesgedicht eines Kannibalen

Ich hab Rezepte für das Glück,
du leckeres und zartes Stück.
Die Liebe geht auf ihren Wegen,
bekanntlich auch durch uns're Mägen.
Du raubst mir beinah den Verstand,
gib mir dein Herz – und deine Hand.
Du könntest mich vom Rest ernähr'n,
ja, ich hab dich zum Fressen gern.

Liebesgedicht eines Konfusen

Also ich – nein – Du! Äh wir,
heißt wir zwei beide: Wesentlich!
Ich hoff nicht, dass ich Dich verwirr
verstehst Du? Nee? Verstehe ich.

Ich habe, ja, so kann man sagen,
nein – eher bin ich, oder so,
wie sagte man in alten Tagen?
Für Dich entbrannt – ich loder loh.

Liebesgedicht eines Liebesgedichtes

Ich traf sie hier! Hier im Kapitel,
sie ist lang, ich kurz und würzig
und trotzdem sind wir ebenbürtig:
Wir haben beide einen Titel!

Sie winkt mit Eselsohr zum Gruß,
sitzt nur ein kleines Stückchen weiter,
dort gegenüber – nächste Seite.
Ich hofft' der Leser macht bald Schluss!

Denn wenn das Büchlein schließen muss,
sind sie und ich – so Seit' an Seit',
in blickverborgener Dunkelheit,
wieder vereint in stillem Kuss ...

Liebesgedicht eines faulen Poeten

Sie fragt mich – nein, sie will's als Gedicht:
Wie sehr würd' ich sie lieben?
Ich sag: Mein Schatz, ich fühl' für dich,
was alle Dichter schrieben.

Liebesgedicht eines Demenzkranken

Ich? Hier? Mit Rosen? Wollt' Dich fragen …
Nein! Dir aus vollem Herzen sagen:
Was wollte ich? Ach ja, na, Dings, Dir …
Moment mal! Worum ging's hier?

Die unerklärliche Absurdität des Alltäglichen

Tagebuch Gottes

Tag Eins.
Universum gemacht. Hätt' ich besser gekonnt, wenn ich mir Mühe gegeben hätte. Macht nichts, sieht ja keiner.

Tag Fünf
Weiter am Weltall gebastelt. Licht, Planeten, so'n Zeug. Gibt ja sonst nichts zu tun.

Tag Sechs
Universum macht auch keinen Spaß, wenn keiner zuguckt. Menschen geschaffen, damit wer zuguckt. Nach meinem Ebenbild. Nicht besonders helle. Finde trotzdem nicht, dass das was über mich aussagt.

Tag Sieben
Rumgehangen und gechillt.

Tag 32
Paradies noch mal richtig angeschaut. Coole Gegend. Schlange losgeschickt, Eigenbedarf angemeldet und Menschen unter Vorwand rausgeworfen.

Tag 10.253
Blödes Missverständnis – unappetitliche Geschichte. „Kein Opfer" statt „Kains Opfer" verstanden

und nicht hingeschaut. Ein Viertel der Erdbevölkerung ist tot.

Tag ?
Irgendein Tag, keine Ahnung, Überblick verloren. Gestern getrunken. Riesensauerei, alles unter Wasser. „Sintflut" genannt und als Strafe zurechtgebogen, um nicht inkompetent zu wirken ...

20. März - 1.
Muss mit dem Trinken aufhören. Morgens neben irgendeiner nackten Schlampe und ihrem Mann in Nazareth aufgewacht. Kann mich an nichts erinnern. Mal schauen, wie ich da wieder sauber raus komme.

Hamburg

„Hamburg, wohin fährst du?", fragt der kleine Junge die Stadt vor dem Fenster, als der Zug abfährt. „Vielleicht fährt Hamburg nach Elmshorn", setzt sein noch kleinerer Freund, selbst etwas zweifelnd, hinterher. Wenn ich Hamburg wäre, würde ich nicht nach Elmshorn fahren, denke ich und bin ziemlich überzeugt. Der kleine Junge sagt jetzt, dass Hamburg nach Afrika fährt, aber nur in den Sommerferien.

Die Wahrheit über die listige Manguste
oder
Wie ich bei Wikipedia wegen Vandalismus gesperrt wurde

Wikipedia ermuntert dazu, an Artikeln mitzuarbeiten, und als ich auf die vom Aussterben bedrohte Tierart der „Listigen Manguste" stieß, wusste ich, dass es Zeit war, zu handeln. Die Listige Manguste ist ein weitgehend unerforschtes, harmloses und eher niedliches Fellknäuel in der Größe eines Frettchens. Kein Wunder, dass diese Art auf der Roten Liste steht. Wer das Folgende liest, <u>muss</u> die Listige Manguste ja für einen hilflosen und leichten Gegner halten:

Listige Manguste
   „Die **Listige Manguste** (*Dologale dybowskii*) ist eine im zentralen Afrika lebende Raubtierart aus der Familie der Mangusten (Herpestidae). Sie bewohnen vorwiegend baumbestandenc Gebiete und finden sich dabei sowohl in Savannen- als auch in Gebirgswäldern.

==Merkmale==
   Listige Mangusten zählen zu den kleineren Vertretern ihrer Familie, sie erreichen eine Kopfrumpflänge von 25 bis 33 Zentimeter, eine Schwanzlänge von 16 bis 23 Zentimeter und ein Gewicht von 300 bis 400 Gramm. Ihr Fell ist kurz und weich, es ist an der Oberseite bräunlich ge-

färbt. Kopf und Nacken sind dunkler, fast schwarz und die Unterseite ist rötlichgrau. Sie ähneln somit den Zwergmangusten."

Nein, diese arme Kreatur muss bedrohlicher wirken. Was ich jetzt tue, ist kein Hackerangriff, das ist Artenschutz! Ich drücke den Bearbeiten-Button und verleihe der Listigen Manguste den Nimbus eines Killers. Meine Fassung der Merkmale:

„==Merkmale==
Listige Mangusten zählen zu den kleineren Vertretern ihrer Familie, sie erreichen eine Kopf-rumpflänge von gefährlichen 25 bis 33 Zentimeter, eine Schwanzlänge von 16 bis 23 Zentimeter und ein Gewicht von brutalen 300 bis 400 Gramm.
Ihr Fell ist trügerisch kurz und weich, es ist an der Oberseite bräunlich gefärbt. Kopf und Nacken sind dunkler, fast schwarz, ganz ähnlich der Seele des Tieres. Sie ähnelt somit den Zwergmangusten, ihre nächste Verwandte ist aber die etwas dickere Lustige Manguste."

Als ich Enter drücke, erscheint mein Text anstelle des Bisherigen. Das war ja leicht, ich werde mutiger. Der nächste Punkt beschreibt die Lebensweise meiner neuen Schützlinge:

„==Lebensweise==
Über die Lebensweise dieser Tiere ist kaum etwas bekannt. Die starken Krallen und eher weichen

Zähne lassen schließen, dass sie im Boden nach Nahrung graben und dabei vorwiegend wirbellose Tiere zu sich nehmen. Sie dürften zumindest teilweise tagaktiv sein."

Das geht so natürlich auch nicht. Andererseits, dieses knappe Wissen lässt mir viel Raum für eine ausführliche und interessantere Version ihrer Lebensweise. Ich kam so richtig in Fahrt:

„==Lebensweise==
Die Lebensweise dieser Tiere ist gut erforscht. Die starken Krallen und schrecklichen Zähne sind von der Evolution zu präzisen Werkzeugen und verheerenden Waffen geschmiedet worden. Im Rudel jagen sie nach Nahrung und nehmen dabei vorwiegend Waldelefanten zu sich, fallen in Notzeiten aber hin und wieder auch Menschengruppen an. In ganz Afrika fallen pro Jahr etwa 700 bis 800 Menschen Rudeln Listiger Mangusten zum Opfer.
Ihr Jagdverhalten hängt ab von der Anzahl der Jäger. Zu zweit jagen die possierlichen Räuber nach Giraffen und Nashörnern. Ein Jäger lenkt die Beute ab, während der andere kaltblütig zuschlägt. Die Ablenkungstaktiken sind ein zentrales Element bei der Jagd der Listigen Manguste. Bei ihrer Hauptbeute, jungen Waldelefanten, sind üblicherweise fünf Jäger beteiligt. Ein Weibchen lenkt ein Elefantenjunges ab und löst bei Märschen den Rüssel des Jungen vom Schwanz der Mutter. Drei weitere lauern diesem hinter einem Busch auf und tö-

ten es blitzschnell. Die fünfte Listige Manguste aber läuft bis zu einem halben Tag hinter dem Muttertier her und hält zur Täuschung mit einer freien Pfote den Schwanz, um den Verlust des Jungtiers so zu verdecken. Erwachsene Elefanten jagt die Listige Manguste selten und nur dann, wenn diese stehend schlafen. Hier greift das Rudel zu einer erstaunlichen Taktik. Ein Tier schafft mit den rasierklingenscharfen Reißzähnen an einer unempfindlichen Stelle der Haut einen Eingang, dann stürmt das Rudel den Elefanten und höhlt ihn binnen weniger Minuten vollständig von innen aus. Es dauert oft Tage, bis die entkernten Körper in sich zusammenfallen. Diese leeren Hüllen spielen in der Mythologie der ugandischen Völker eine wichtige Rolle und gelten noch heute als Vorboten nahender Katastrophen. Oft erscheint die Listige Manguste in den Märchen der lokalen Naturvölker als hinterhältiger Verführer und blutrünstiger Menschenfresser."

171

Schon viel besser. „Wer das liest, wird sich zweimal überlegen in den Lebensraum der Listigen Manguste einzudringen", dachte ich mir. Der Artikel wurde nach 20 Minuten zwar wieder durch die ursprüngliche Fassung ersetzt und man sperrte meine IP-Adresse für Änderungen bei Wikipedia, aber irgendjemand in Afrika muss die Version gelesen haben. Der Kongo hat die Art wegen der großen Gefahr für Menschen zum Schädling mit Abschussprämie erklärt und inzwischen praktisch ausgerottet.

So geht's nicht weiter ...

Erst nimmst du ab, dann wieder zu,
bist mal ein Strich, dann kugelrund.
Dein Lebenslauf verläuft in Kreisen,
und du kommst niemals, jemals an.
Jede Nacht bist du auf Achse,
dein Antlitz ist ganz bleich und fahl,
und ja, du bist schon wieder voll!
Ich mach mir Sorgen um dich, Mond.

Noch ein Sommernachtstraum

Kurz vorab zur Erklärung: Eine Prolfe ist eine Pro-
leten-Elfe. Auch unter Märchenkundigen ist diese
Art Fabelwesen relativ unbekannt.

Die Elfenkönigin hatte zum Fest im Mondenschein
geladen und alles tanzte in buntem Reigen fröhlich
hopsend einher. Maikäfer und Schmetterlinge
wiegten sich im Takt neben Elfen, Feen und Wich-
teln und taten überhaupt sehr niedliche und zauber-
hafte Dinge, als plötzlich ein lautes Rülpsen die
Sphärenmusik unterbrach. Fotzkopp, die Prolfe,
war auf dem Fest erschienen: „Was' los ihr Spastis,
seid ihr schwul, oder was?"

Betreten blickten alle zu Boden, niemand traute
sich etwas zu sagen, denn die Prolfe Fotzkopp war
nicht nur der, zwar missratene, aber eben doch der
Sohn der Elfenkönigin, nein, er wusste auch Bescheid über einige Elfenrechtsverletzungen der
Herrscherin und darüber, dass die korrupte Königin
alle Frösche des Teiches an ein Labor für Tierversuche verschachert hatte. Die Prolfe trug einen
Ballonseidenjogginganzug mit Aussparungen für
die Flügel und Adiletten, die einem Kleinkind
gehört hatten, dass von einem Bären im Wald ge-
fressen worden war. Als Fotzkopp lange Lines
Feenstaub zog und in alle Blütenkelche gekotzt
hatte, wurde es Puck, dem Kobold und Minister-
präsidenten des Elfenreiches, dann doch zu viel.

Gewalt war keine realistische Lösung, erst letzten Winter hatte die Prolfe Puck mit einem Eishockeyschläger über den zugefrorenen Teich geprügelt. Das war Fotzkopps Auffassung von feinsinnigem Humor.

Also fasste Puck den Plan, die Prolfe mittels Elfenzauber in ein andere Märchengestalt zu verwandeln und so in ein völlig anderes Märchen abzuschieben. Nun hatte Puck aber eine seltene Sprachstörung, die ihn immer wieder in Schüttelreimen sprechen ließ, und so wurde aus der Prolfe kein gestiefelter Kater, sondern ein verkaterter Stiefel, der seitdem einsam und mürrisch durch den Wald stapfte und alle in den Arsch trat, die nicht schnell genug auf den Bäumen waren. Und wenn er nicht gestorben ist, dann tritt er wohl noch heute ...

Tot sein

Es klingelt, ich öffne – vor der Tür steht in dunkler Kutte der Sensenmann. Er sieht eigentlich genauso aus, wie man das von Bildern kennt – bis auf die dunkle Sonnenbrille und die gelben Neonhosenträger. „Ja bitte?", frage ich, er tippt mir an die Stirn, sagt: „Du bist!" und dann bin ich tot. „Ziemlich albern, für den Tod", denke ich noch, dann riecht es nach Schwefel und mein Lebensfilm läuft ab. Einen großen Teil meiner Lebenszeit scheine ich mit Internetpornographie und Warteschleifen in Servicehotlines verbracht zu haben. Alles in allem ziemlich enttäuschend und das Ende kannte ich auch schon. Plötzlich fahren Tod und ich in einem Boot den Styx runter. In einem Tretboot. Ich muss mittreten, weil ich keine Goldmünze für meinen Fährmann hatte, nur so einen Plastikchip für Einkaufswagen, aber den nimmt er trotzdem. Aus einem kleinen Kofferradio dudelt *Highway to Hell* und ich frage ihn, ob das jetzt schon was über das Ziel unserer Fahrt aussagt, aber er meint, nee, er könne nur *Stairway to Heaven* nicht mehr hören und was anderes als die beiden Lieder bekäme man hier nicht rein. Als ich Tod sage, dass ich das alles ziemlich stillos finde und dass das in der Göttlichen Komödie alles ganz anders beschrieben wird, grummelt er was von notwendigen Umstrukturierungen, nennt mich einen konservativen Spießer und hört auf in die Pedale zu treten. Daraufhin schweigen wir uns beleidigt an und ich trete eine halbe Ewigkeit alleine – und das ist jetzt nicht nur so'n Spruch, ich meine eine halbe Ewigkeit. Zumindest zeigt das die Uhr auf dem Armaturenbrett an. Tod schmollt weiter und spielt mit einem Tamagotchi rum, dass er dauernd neu startet, um das blöde Tamagotchi-Tierchen immer und immer wieder sterben zu lassen. Jetzt hab ich ein wenig ein schlechtes Gewissen und es tut mir leid und ich entschuldige mich bei Tod und sage ihm, dass ich seine Hosenträger wirklich schön fände. Er ist ganz gerührt, wir vertragen uns wieder und dann wird es eigentlich doch noch ganz nett. Bis er zu quasseln anfängt wie ein Wasserfall und sich beschwert über die viele Arbeit im Irak und dass die blöden Ärzte dauernd Leute wieder lebendig machen, die er grade erst ausgeschaltet hatte, und dies und das. Ich mag das ja schon bei Taxifahrern nicht, wenn die so viel reden, aber ich will auch die Stimmung nicht wieder kaputt machen und so nicke ich verständnisvoll und halte ansonsten die Klappe. Tod ist ganz dankbar, dass ihm mal jemand zuhört und als wir am Ufer anlegen, nimmt er mich zum Abschied kurz in den Arm und dann darf ich mir sogar noch jemand wünschen, den er als Nächstes kalt macht. Ich schwanke kurz zwischen ein paar Leuten und kreise es dann auf Jörg Haider und meinen ärgsten Feind aus der Schulzeit ein: Jens Schlör. Ich kann mich nicht entscheiden und Tod sagt, dann werfen wir eine Münze, aber als er die Münze wirft, ist es der Einkaufswagenchip und da sagt er „was soll's", er holt sie beide. Er legt ab, eine Weile stehe ich noch da, winke ihm hinterher und dann gehe ich ins Fegefeuer. Aber das ist eine andere Geschichte und soll ein anderes Mal erzählt werden.

Trennung

Die Seele war doch überrascht, als sie eher am Rande mitbekam, dass Körper und Geist beschlossen hatten, sich im gegenseitigen Einvernehmen zu trennen. Es ging wohl stärker vom Geist aus, das ist ja meistens so bei Trennungen, aber es gehören immer zwei dazu, und auch der Körper fand, dass der Geist ihm oft im Weg gestanden hatte. Eine Weile blieb die Seele beim Körper, aber der rauchte, trank, fraß und fickte sich binnen kürzester Zeit vor die Hunde. Die Seele zog also zum Geist, was erstmal ganz gut lief, da der Geist in so einer Art WG bei einer schizoid-multiplen Persönlichkeit untergekommen war. Irgendwann meldete der Typ, dem der Körper gehörte, dann aber Anspruch auf Eigenbedarf an und ließ sich therapieren. Alle mussten raus, der Geist gab sich selbst auf und die Seele ging dann doch endlich auf das helle Licht hinter dem Tunnel zu.

Mittelwert

Ich habe mich neulich beim Grübeln erwischt:
Wo das Gute der Welt sich mit Übeln vermischt,
da ist nichts mehr nur gut, aber auch nichts mehr
                      nur schlecht.
Und mal ganz pragmatisch – mir ist das Recht!

Passiert dir was Schlechtes, dann kommt auch was
                      Gutes:
Du triffst endlich dein Glück, aber so, dass du
                      blutest.
Jede Nachricht, die kommt, kommt mit 'nem
                      Kumpel:
„Sie verlieren ein Bein! Aber nur das, das
                      humpelt ..."

Deine Frau läuft dir weg, aber gegen 'nen Laster,
die Lebensversicherung zahlt Unmengen Zaster.
Du gewinnst den Nobelpreis – für Häkeln und
                      Stricken!
Alle haben dich gern, aber niemand will ficken.

Für jeden Ausdruck der Freude entfährt dir ein
                      „Leider":
„S'gibt ein halbes Jahr Urlaub!" (Als Geisel
                      Al-Quaidas.)

„Du bist was besond'res!" – heißt, die Krankheit
ist neu.
Dein Freund kriegt kein' mehr hoch? Na, dafür ist
er treu ...

Plus gepaart mit Minus führt immer zum Patt,
das Schicksal spielt auf Remis – nicht auf
schachmatt.
Im Großen und Ganzen, im Kleinen und Teilen,
ist die Welt schon o. k. Gut, man müsste dran
feilen.

Paybackday

Die Stimme in meinem Kopf sagte, heute sei der Tag des kosmischen Ausgleichs. Quid pro quo und so. Alle würden mitmachen! Die Stimme war freundlich und da wollte ich nicht abweisend sein oder Abseits stehen, wenn etwas so Wichtiges ansteht. Ich begann schon am Morgen, indem ich den EC-Automaten zur Abwechslung mal nach *seiner* PIN fragte und den Busfahrer ermahnte, mich während der Fahrt bitte nicht anzusprechen. Dem Bäcker brachte ich einen Laib Brot mit, nahm mir das Geld dafür aus seiner Kasse und verbiss mich im Park in einen Kampfhund. Ich bestahl einen Dieb, ließ den Zug warten und verpasste meinem Zahnarzt eine Wurzelbehandlung. Dem Hund meines Nachbarn kackte ich ein flächendeckendes Minenfeld vor die Hundehütte, so dass die blöde Töle reintreten *musste*. Und weil ich schon dabei war, bestieg ich einen Kran, um einem Vogel auf den Kopf zu… fällig entdeckte ich von dort oben eine Gruppe Hollywoodstars, die einen Paparazzo mit Kameras verfolgten. Als sie in den Nachrichten bekannt gaben, dass sämtliche Regierungschefs der Welt beschlossen hatten, sich neue Nationen und Völker zu wählen, wollte auch ich politisch aktiv werden und entführte wahllos einen muslimischen Mitbürger, um Forderungen an Al Quaida zu stellen. Gegen Schluss rammte ich mit nichts als meinem bloßen Körper und hoher Geschwindigkeit ein Auto, damit das auch mal weiß, wie das ist. Dabei starb ich, kam in den Himmel, schickte Gott zur Hölle und passte künftig gut auf meinen Schutzengel auf.

Leben Rewinded

Es kommen Männer und sie graben ein Loch und legen Knochen hinein. Sie füllen das Loch wieder mit Erde – und das war es dann. Für eine lange Zeit. Doch: Der Samen ist gepflanzt! Maden nahen in Scharen, würgen Fleisch hervor und spinnen einen Leib um das Skelett und drum herum entsteht ein Sarg – ganz aus dem Nichts. Und dann kommen wieder Männer, und sie graben den Sarg aus und es hat sich ein ganzer Mensch darin gebildet und das bist: Du! Sie graben dich aus, einige Tage vor dem Datum mit dem Kreuz auf dem Grabstein über dem Loch. Auch dein Name steht drauf und so wirst du nun heißen: Horst Müller. Sie nehmen dich aus der Kiste und sie legen dich in ein Bett und ein Mensch weint daran, aber als du anfängst zu atmen und die Augen öffnest, hört er auf. Er heißt Kurt Müller. Kurt nimmt dich mit, zu sich nach Hause, kümmert sich um dich, wäscht und füttert dich. Aber bald schon kannst du mehr und mehr alleine, weißt viele Dinge und wirst selbstständiger. Du beginnst, das Stück Erde mit deinem Grabstein darauf wieder häufiger zu besuchen, denn auf dem Stein steht noch ein Name: Susi Müller, geborene Meier und nach einiger Zeit holt ihr die Frau feierlich aus der Erde und sie kommt zu sich und ihr lebt zusammen, in einem eigenen Haus, ohne den Menschen, der sich um dich gekümmert hatte, den Kurt. Bald beginnst du in einer hohen Position für eine Firma zu arbeiten und ar-

beitest dich langsam herunter bis zum Lehrling und
dann wirst du entlassen. Deine Frau Susi wird
dabei immer knackiger und attraktiver, aber nach
einer Weile zieht der Mensch, der sich zu Beginn
deines Lebens um dich kümmerte, der Kurt, der
zieht bei euch ein. Kurt wird immer kleiner und
kleiner und jetzt musst *du* dich um *ihn* kümmern.
Eines Tages, der Mensch da, der Kurt, der schreit
nur noch. Da bringt ihr ihn weg. Ihr fahrt zusammen ins Krankenhaus und ein Arzt schiebt den inzwischen winzig gewordenen Menschen, den Kurt,
den schiebt der Arzt in einer langen und schmerz-
haften Prozedur, tief in deine schreiende Frau hinein. Sie hat davon einen völlig aufgeblähten
Bauch, der aber glücklicherweise mit der Zeit wieder abschwillt. Als der Bauch nur noch halb so
groß ist, feiert ihr in einer Kirche ein sehr förmli-
ches Trennungsritual, in Frack und weißem Kleid,
mit der ganzen Familie. Der Kugelbauch
verschwindet schließlich ganz und du schläfst mit
deiner Susi in einem Golf GTI auf dem Parkplatz
einer Großraumdiskothek. Sie pumpt Sperma in
deinen Penis und bald danach geht ihr zurück in
die Disko und trennt euch für immer, die Susi und
du. Ihr seht euch nie wieder und du denkst dann
überhaupt nicht mehr an sie und ziehst bei ganz
anderen Leuten ein, die du auch vor einigen Jahren
auf dem Friedhof hast ausbuddeln lassen. Eine
Weile entwickelst du einen enormen Sexualtrieb,
um ihn schon kurz danach völlig zu verlieren,
hängst aber vor allem in der Schule mit deinen

Freunden rum und interessierst dich längerfristig mehr und mehr für Spielzeug. Du schrumpfst auf weniger als halbe Größe und musst bald gar nicht mehr in die Schule. Vormittags gehst du jetzt in diesen Kindergarten, wo sie nur noch spielen. Aber nicht für lange. Dann bist du die ganze Zeit zu Hause, redest immer weniger und seltener und dein letztes Wort ist „Mama", bis die Sprache ganz verstummt und in Gebrabbel übergeht. Statt zu sprechen, schreist du jetzt nur noch und pumpst Milch aus deinen Backen in die Brüste deiner Mutter. Zuletzt fahrt ihr wieder ins Krankenhaus, aber dieses Mal wirst *du* von einem Arzt tief in die Vagina deiner Mutter gestopft. Eine Weile ist es dunkel, aber warm und friedlich. Dann schrumpfst du zum Zellhaufen zusammen. Du teilst dich in eine Eizelle – und in ein Spermium. Und dann ist dein Leben vorbei.

Stammkundschafter

Ich halte nichts davon, irgendwo Stammkunde zu sein. Nicht beim Friseur, nicht beim Bäcker, und schon gar nicht in einer Kneipe. Das wirkt so berechenbar, als wäre mein Leben aller Welt zugänglich wie ein Fahrplan.

Ein Gespräch aber, das ich neulich zwischen einem Bestattungsunternehmer und einem Buddhisten belauschen durfte, hat mich dann doch beeindruckt:

„Wie immer?", fragte der Bestatter.

„Wie immer!", antwortete der Buddhist.

Final Countdown

Fünf Sätze, die auf meinem Grabstein stehen sollen:

1. Was guckst du so blöd, du stirbst auch noch!
2. Jeder Grabraub wird zur Anzeige gebracht
3. Amtierender Weltmeister im „Toter-Mann-Spielen"
4. How is my dying – call 911 – grimreaper
5. Wenn sie das hier lesen können, stehen sie auf meinem Kopf

Vier Fakten, die ich vor meinem Tod klar stellen möchte:

1. Egal wie traurig es klingt, in „Hey Jude" geht es nicht um den Holocaust.
2. Mir persönlich ist kein Fall eines Perückenträgers bekannt, bei dem ich die Haarpracht für natürliches Haupthaar gehalten hätte. Erstaunlich häufig sehe ich dagegen Menschen, die es schaffen, das eigene Haar wie eine Perücke wirken zu lassen.
3. Angesichts übergewichtiger Bundeswehrsoldaten sollte man die Vorteile wahrnehmen: Ein einzelner Soldat kann heute schon einen Panzer vortäuschen, drei Kameraden in einem Gummiboot einen ganzen Flugzeugträger.

und

4. noch was zu animierten Yoghurts und anderen sprechenden Lebensmitteln in der Fernseh-

Werbung: Wenn ich möchte, dass mein Frühstück redet, dann esse ich Menschen.

Drei Sachen, die ich vor meinen Tod eigentlich noch gemacht haben wollte:
– Einen Baum fällen, ein Buch verbrennen und ein Kind abtreiben.

Zwei Möglichkeiten, extravagant zu Tode zu kommen:
– Topfschlagen in einem afghanischen Minengebiet.
– So viele Mohnbrötchen essen, dass es für eine Heroinüberdosis reicht.

Und eine Sache, die ich meinen Erben gesagt haben wollte: Das ganze schöne Geld liegt auf einem Bankkonto in uähhhhhrg

Inhalt

Bald im Lektora-Verlag

Alexander Willrich

Poetry Slam für Deutschland

Der Poetry Slam gehört derzeit zu den erfolgreichsten Litera-
turformaten Deutschlands. Wenn man einen Blick in das Publikum wirft, kann man den Eindruck von einer literaturfernen
Jugend nicht bestätigen. Doch was macht den Reiz von einem
Poetry Slam aus? Warum zwängen sich bis zu 600 Gäste in einen Raum, um Kurzgeschichten und Gedichten zu lauschen?
Das Buch beschäftigt sich mit diesem Thema und untersucht
die Sprache und Stilmittel der Poeten, versucht die Textarten
und Inhalte im Slam genauer zu bestimmen. Auch die aktuel-
le deutsche Poetry-Slam-Szene wird beleuchtet und erstmals
werden Entwicklungen innerhalb der Szene beschrieben: Was
passiert, wenn der Erfolg und die Bekanntheit steigen? Wie war
das noch mal mit der Comedy und dem Poetry Slam? Welche
anderen Veranstaltungen sind aus dem Poetry Slam entstanden?
Ein weiterer Blick gilt der medialen Präsentation der Slam-Po-
eten. Es wird dargestellt, wie sich die Stars der Szene selbst
vermarkten, mit welchen Mitteln sie ihre Bekanntheit über den
Poetry Slam hinaus vergrößern und auf welche Weise die Prota-
gonisten miteinander kommunizieren.
Poetry Slam ist jung und wird gern von
Jugendlichen rezipiert, deshalb bietet
das Thema viele Möglichkeiten für den
Deutschunterricht – wie eine solche
Unterrichtseinheit aussehen kann,
wird natürlich auch nicht verschwie-
gen.

ISBN 3-938470-47-X

€ 19,80

www.lektora-verlag.de

Bald im Lektora-Verlag

Wolf Hogekamp

Es regnet Ponys

Seit 1994 veranstaltet Wolf Hogekamp regelmäßig Poetry
Slams in Berlin, tritt seither als Poet auf und ist
der Pionier der deutschen Poerty Slam Szene.
Ab 2000 ist er Slam-Veranstalter und Mentor des
Bastard Slams, einem der wichtigsten und größten
Poetry Slams der deutschsprachigen Bühnenliteratur.
Seit 2000 beschäftigt sich Hogekamp mit der Umsetzung
von Bühnenliteratur im Video-Clip-Format Poetry Clips.
Wolf Hogekamp ist Mitglied der Literatengruppe
„Agrar-Berlin" und der Begründer
der Berliner Lesebühne „BerlinerWald".

„Wird immer wieder Urgestein des Slams genannt und das stimmt
wohl. In seinen Texten klingt der Punk der Berliner 80er genauso
nach wie die Affinität zur Clubszene: rhythmische und pointier-
te Gedichte über Beton in Chemnitz, DJs im Club, Heroin in der
Kriegsnacht, Ponys auf dem Asphalt, Drogen an der Supermarkt-
kasse – nie ohne etwas allgemeine Verunsicherung." Lino Ziegel

ISBN 3-938470-49-6

€ 6,00

www.lektora-verlag.de

Im Lektora Verlag erschienen

Armin Sengbusch
aka „Schriftstehler"

geh doch ins Licht

„Der vielseitige Hamburger Künstler schaffte es mit seinen lyrisch hochwertigen, kraftvollen und doch zerbrechlichen Versen, das Publikum in sechs Minuten wachsen zu lassen."

„Aha-Poesie in Bildern, die im Herzen nicht aufhören zu sein."

Kieler Nachrichten

ISBN 3-938470-48-8

€ 9,90

www.lektora-verlag.de